सूरदास

सूरदास

इंदु सिंह

JPD

First published in India in 2020 by
Jawahar Publishers & Distributors

ISBN: 978-81-948468-8-8

Jawahar Publishers & Distributors
46, Samachar Apartment,
Mayur Vihar-I, New Delhi 110091

E-mail: jawaharpdd@gmail.com

Printed and Bound in
Delhi

₹ 449/-

सूरदास

अनुक्रम

भूमिका

सूरदास हिन्दी साहित्य में भक्तिकाल में कृष्ण भक्ति के भक्त कवियों में अग्रणी है। महाकवि सूरदास जी वात्सल्य रस के सम्राट माने जाते हैं। उन्होंने श्रृंगार और शान्त रसों का भी बड़ा मर्मस्पर्शी वर्णन किया है। उनका जन्म मथुरा–आगरा मार्ग पर स्थित रुनकता नामक गांव में हुआ था। कुछ लोगों का कहना है कि सूरदास जी का जन्म सीही नामक ग्राम में एक निर्धन सारस्वत ब्राह्मण परिवार में हुआ था। बाद में वह आगरा और मथुरा के बीच गऊघाट पर आकर रहने लगे थे। आचार्य रामचन्द्र शुक्ल जी के मतानुसार सूरदास का जन्म संवत् 1540 विक्रमी के सन्निकट और मृत्यु संवत् 1620 विक्रमी के आसपास मानी जाती है।

सूरदास जी के पिता रामदास गायक थे। सूरदास जी के जन्मांध होने के विषय में भी मतभेद हैं। आगरा के समीप गऊघाट पर उनकी भेंट वल्लभाचार्य से हुई और वे उनके शिष्य बन गए। वल्लभाचार्य ने उनको पुष्टिमार्ग में दीक्षा दे कर कृष्णलीला के पद गाने का आदेश दिया। सूरदास जी अष्टछाप कवियों में एक थे। सूरदास जी की मृत्यु गोवर्धन के पास पारसौली ग्राम में 1563 ईस्वी में हुई।

1

सूरदास एकः जीवनी

सूरदास का जन्म 1478 ईस्वी में रुनकता नामक गाँव में हुआ। यह गाँव मथुरा–आगरा मार्ग के किनारे स्थित है। कुछ विद्वानों का मत है कि सूर का जन्म सीही नामक ग्राम में एक निर्धन सारस्वत ब्राह्मण परिवार में हुआ था। बाद में ये आगरा और मथुरा के बीच गऊघाट पर आकर रहने लगे थे। सूरदास के पिता रामदास गायक थे। सूरदास के जन्मांध होने के विषय में मतभेद है। प्रारंभ में सूरदास आगरा के समीप गऊघाट पर रहते थे। वहीं उनकी भेंट श्री वल्लभाचार्य से हुई और वे उनके शिष्य बन गए। वल्लभाचार्य ने उनको पुष्टिमार्ग में दीक्षित कर के कृष्णलीला के पद गाने का आदेश दिया। सूरदास की मृत्यु गोवर्धन के निकट पारसौली ग्राम में 1580 ईस्वी में हुई।

सूरदास का नाम कृष्ण भक्ति की अजस्र धारा को प्रवाहित करने वाले भक्त कवियों में सर्वोपरि है। हिन्दी साहित्य में भगवान श्रीकृष्ण के अनन्य उपासक और ब्रजभाषा के श्रेष्ठ कवि महात्मा सूरदास हिंदी साहित्य के सूर्य माने जाते हैं। हिंदी कविता कामिनी के इस कमनीय कांत ने हिंदी भाषा को समृद्ध करने में जो योगदान दिया है, वह अद्वितीय है। सूरदास हिन्दी साहित्य में भक्ति काल के सगुण भक्ति शाखा के कृष्ण–भक्ति उपशाखा के महान कवि हैं।

सूरदास श्रीनाथ भ की "संस्कृतवार्ता मणिपाला", श्री हरिराय कृत "भाव–प्रकाश", श्री गोकुलनाथ की "निजवार्ता" आदि ग्रन्थों के आधार पर, जन्म के अन्धे माने गए हैं। लेकिन राधा–कृष्ण के रुप सौन्दर्य का सजीव चित्रण, नाना रंगों का वर्णन, सूक्ष्म पर्यवेक्षणशीलता आदि गुणों के कारण अधिकतर वर्तमान विद्वान सूर को जन्मान्ध स्वीकार नहीं करते।"

श्यामसुन्दरदास ने इस सम्बन्ध में लिखा है – "सूर वास्तव में जन्मान्ध नहीं थे, क्योंकि श्रृंगार तथा रंग–रुपादि का जो वर्णन उन्होंने किया है वैसा कोई जन्मान्ध नहीं कर सकता।" डॉक्टर हजारीप्रसाद द्विवेदी ने लिखा है – "सूरसागर के कुछ पदों से यह ध्वनि अवश्य निकलती है कि सूरदास अपने को जन्म का अन्धा और कर्म का अभागा कहते हैं, पर सब समय इसके अक्षरार्थ को ही प्रधान नहीं मानना चाहिए।"

सूरसागर

सूरसागर में लगभग एक लाख पद होने की बात कही जाती है। किन्तु वर्तमान संस्करणों में लगभग पाँच हजार पद ही मिलते हैं। विभिन्न स्थानों पर इसकी सौ से भी अधिक प्रतिलिपियाँ प्राप्त हुई हैं, जिनका प्रतिलिपि काल संवत् 1678 वि. से लेकर उन्नीसवीं शताब्दी तक है इनमें प्राचीनतम प्रतिलिपि नाथद्वारा (मेवाड़) के "सरस्वती भण्डार' में सुरक्षित पायी गई हैं। सूरसागर सूरदासजी का प्रधान एवं महत्त्वपूर्ण ग्रन्थ है। इसमें प्रथम नौ अध्याय संक्षिप्त है, पर दशम स्कन्ध का बहुत विस्तार हो गया है। इसमें भक्ति की प्रधानता है।

इसके दो प्रसंग "कृष्ण की बाल–लीला" और "भ्रमर–गीतसार" अत्यधिक महत्त्वपूर्ण हैं। सूरसागर की सराहना करते हुए डॉक्टर हजारी प्रसाद द्विवेदी ने लिखा है– "काव्य गुणें की इस विशाल वनस्थली में एक अपना सहज सौन्दर्य है। वह उस रमणीय उद्यान के समान नहीं जिसका सौन्दर्य पद–पद पर माली के कृतित्व की याद दिलाता है, बल्कि उस अकृत्रिम वन–भूमि की भाँति है जिसका रचयिता रचना में घुलमिल गया है।" दार्शनिक विचारों की दृष्टि से "भागवत" और "सूरसागर" में पर्याप्त अन्तर है।

साहित्य लहरी – यह 118 पदों की एक लघु रचना है। इसके अन्तिम पद में सूरदास का वंशवृक्ष दिया है, जिसके अनुसार सूरदास का नाम सूरजदास है और वे चन्दबरदायी के वंशज सिद्ध होते हैं। अब इसे प्रक्षिप्त अंश माना गया है ओर शेष रचना पूर्ण प्रामाणिक मानी गई है। इसमें रस, अलंकार और नायिका–भेद का प्रतिपादन किया गया है। इस कृति का रचना–काल स्वयं कवि ने दे दिया है जिससे यह संवत् विक्रमी में रचित सिद्ध होती है। रस की दृष्टि से यह ग्रन्थ विशुद्ध श्रृंगार की कोटि में आता है।

कार्य

सूरदास को हिंदी साहित्य का सूरज कहा जाता है। वे अपनी कृ ति "सूरसागर" के लिये प्रसिद्ध है। कहा जाता है की उनकी इस कृति में लगभग 100000 गीत है, जिनमे से आज केवल 8000 ही बचे हैं। उनके इन गीतों में कृष्ण के बचपन और उनकी लीला का वर्णन किया गया है।

सूरदास कृष्ण भक्ति के साथ ही अपनी प्रसिद्ध कृति सूरसागर के लिये भी जाने जाते हैं। इतना ही नहीं सूरसागर के साथ उन्होंने सुर–सारावली और सहित्य–लहरी की भी रचना की है।

सूरदास की मधुर कविताये और भक्तिमय गीत लोगों को भगवान् की तरफ आकर्षित करते थे। धीरे–धीरे उनकी ख्याति बढ़ती गयी, और मुघल शासक अकबर (1542–1605) भी उन्के दर्शक बन गये। सूरदास ने अपने जीवन के अंतिम वर्षों को ब्रज में बिताया। और भजन गाने के बदले उन्हें जो कुछ भी मिलता उन्हीं से उनका गुजारा होता था। कहा जाता है की इसवी सन 1584 में उनकी मृत्यु हुई थी।

सूरदास जी को वल्लभाचार्य के आठ शिष्यों में प्रमुख स्थान प्राप्त था। इनकी मृत्यु सन 1583 ई० में पारसौली नामक स्थान पर हुई। कहा जाता है कि सूरदास ने सवा लाख पदों की रचना की। इनके सभी पद रागनियों पर आधारित हैं। सूरदास जी द्वारा रचित कुल पांच ग्रन्थ उपलब्ध हुए हैं, जो निम्नलिखित हैं:– सूर सागर, सूर सारावली, साहित्य लहरी, नल दमयन्ती और ब्याहलो। इनमें से नल दमयन्ती और

ब्याहलो की कोई भी प्राचीन प्रति नहीं मिली है। कुछ विद्वान तो केवल सूर सागर को ही प्रामाणिक रचना मानने के पक्ष में हैं।

मदन मोहन एक सुंदर नवयुवक था तथा हर रोज सरोवर के किनारे जा बैठता तथा गीत लिखता रहता। एक दिन ऐसा कौतुक हुआ, जिस ने उसके मन को मोह लिया। वह कौतुक यह था कि सरोवर के किनारे, एक सुन्दर नवयुवती, गुलाब की पत्तियों जैसा उसका तन था। पतली धोती बांध कर वह सरोवर पर कपड़े धो रही थी। उस समय मदन मोहन का ध्यान उसकी तरफ चला गया, जैसे कि आंखों का कर्म होता है, सुन्दर वस्तुओं को देखना। सुन्दरता हरेक को आकर्षित करती है।

सूरदास गीत गाने लगा। वह इतना विख्यात हो गया कि दिल्ली के बादशाह के पास भी उसकी शोभा जा पहुंची। अपने अहलकारों द्वारा बादशाह ने सूरदास को अपने दरबार में बुला लिया। उसके गीत सुन कर वह इतना खुश हुआ कि सूरदास को एक कस्बे का हाकिम बना दिया, पर ईर्ष्या करने वालों ने बादशाह के पास चुगली करके फिर उसे बुला लिया और जेल में नजरबंद कर दिया। सूरदास जेल में रहता था। उसने जब जेल के दरोगा से पूछा कि तुम्हारा नाम क्या है? तो उसने कहा –"तिमरद्य" यह सुन कर सूरदास बहुत हैरान हुआ।

कवि था, ख्यालों की उड़ान में सोचा, "तिमर.....मेरी आंखें नहीं मेरा जीवन तिमर (अन्धेर) में, बंदीखाना तिमर (अन्धेरा) तथा रक्षक भी तिमर (अन्धेर)!" उसने एक गीत की रचना की तथा उस गीत को बार–बार गाने लगा। वह गीत जब बादशाह ने सुना तो खुश होकर सूरदास को आजाद कर दिया, तथा सूरदास दिल्ली जेल में से निकल कर मथुरा की तरफ चला गया। रास्ते में कुआं था, उसमें गिरा, पर बच गया तथा मथुरा–वृंदावन पहुंच गया। वहां भगवान कृष्ण का यश गाने लगा।

ग्रंथ और काव्ये

सूरदास के मत अनुसार श्री कृष्ण भक्ति करने और उनके अनुग्रह प्राप्त होने से मनुष्य जीव आत्मा को सद्गति प्राप्त हो सकती है। सूरदास ने वात्सल्य रस, शांत रस, और श्रृंगार रस को अपनाया था।

सूरदास ने केवल अपनी कल्पना के सहारे श्री कृष्ण के बाल्य रूप का अदभूत, सुंदर, दिव्य वर्णन किया था। जिसमे बाल–कृष्ण की चपलता, स्पर्धा, अभिलाषा, और आकांक्षा का वर्णन कर के विश्वव्यापी बाल–कृष्ण स्वरूप का वर्णन प्रदर्शित किया था।

सूरदास ने अत्यंत दुर्लभ ऐसा "भक्ति और श्रृंगार" को मिश्रित कर के, संयोग वियोग जैसा दिव्य वर्णन किया था जिसे किसी और के द्वारा पुनः रचना अत्यंत कठिन होगा। स्थान संस्थान पर सूरदास के द्वारा लिखित कूट पद बेजोड़ हैं। यशोदा मैया के पात्र के शील गुण पर सूरदास लिखे चित्रण प्रशंसनीय हैं। सूरदास के द्वारा लिखी गईं कविताओं में प्रकृति–सौन्दर्य का सुंदर, अदभूत वर्णन किया गया है। सूरदास कविताओं में पूर्व कालीन आख्यान, और इतिहासिक स्थानों का वर्णन निरंतर होता था। सूरदास हिन्दी साहित्य के महाकवि माने जाते हैं।

श्रीमद्भागवत गीता के गायन में सूरदास जी की रूचि बचपन से ही थी और आपसे भक्ति का एक पद सुनकर महाप्रभु वल्लभाचार्य जी ने आपको अपना शिष्य बना लिया और आप श्रीनाथजी के मंदिर में कीर्तन करने लगे। अष्टछाप के कवियों में सूरदास जी सर्वश्रेष्ठ कवि माने गए हैं, अष्टछाप का संगठन वल्लभाचार्य के पुत्र विट्ठलनाथ ने किया था।

यह कैसे एक अंधे कवि ऐसे सावधानीपूर्वक और रंगीन विस्तार में मंच द्वारा कृष्ण के बच्चपन, का चरण चित्रित सकता हैं साहित्य के स्थानों गें चमत्कार है। कृष्ण अपनी पहली दाँत काटने, अपने पहले शब्द के बोले, उसकी पहली बेबस कदम उठा, सूरदास के लिए सभी अवसरों के लिए प्रेरित गाने जो भी इस दिन के लिए गाया जाता है, घरों के सैकड़ों की संख्या में माताओं जो अपने में बच्चें कृष्ण देखें द्वारा, रचना अपने बच्चों को प्यार है कि एक बच्चे के रूप में किया गया था उसे इनकार कर दिया, प्यार है कि बाला गोपाला पर ब्रज में Yashoda, Nandagopa, Gopis और Gopas बौछार अपने गीतों के माध्यम से बहती है।

रचनाएं

सूरदास की रचनाओं में निम्नलिखित पाँच ग्रन्थ बताए जाते हैं:–

१. सूरसागर

२. सूरसारावली

३. साहित्य–लहरी

४. नल–दमयन्ती

५. ब्याहलो

मृत्यु

सूरदास की मृत्यु वर्ष 1580 ईस्वी में हुई थी। सूरदास का जीवन काल "वर्ष 1478 से वर्ष 1580 तक" यानी कुल 102 वर्ष का रहा था। अपने दीर्घ आयु जीवन काल में सूरदास ने कई ग्रंथ लिखे और काव्य पद की रचना की। सूरदास का जीवन कृष्ण भक्ति के लिए समर्पित था।

2
जन्म और जाति

गोस्वामी हरिराय के "भाव प्रकाश" के अनुसार सूरदास का जन्म दिल्ली के पास सीही नाम के गाँव में एक अत्यन्त निर्धन सारस्वत ब्राह्मण परिवार में हुआ था। उनके तीन बड़े भाई थे। सूरदास जन्म से ही अन्धे थे, किन्तु सगुन बताने की उनमें अद्‌भुत शक्ति थी। 6 वर्ष की अवस्था में ही उन्होंने अपनी सगुन बताने की विद्या से माता–पिता को चकित कर दिया था। किन्तु इसी के बाद वे घर छोड़कर चार कोस दूर एक गाँव में तालाब के किनारे रहने लगे थे। सगुन बताने की विद्या के कारण शीघ्र ही उनकी ख्याति चारों ओर फैल गई। गान विद्या में भी वे प्रारम्भ से ही प्रवीण थे। शीघ्र ही उनके अनेक सेवक हो गये और वे "स्वामी" के रूप में पूजे जाने लगे। 18 वर्ष की अवस्था में उन्हें पुनः विरक्ति हो गयी और वे यह स्थान छोड़कर आगरा और मथुरा के बीच यमुना के किनारे गऊघाट पर आकर रहने लगे।

जन्म

सूरदास का जन्म कब हुआ, इस विषय में पहले उनकी तथाकथित रचनाओं, "साहित्य लहरी" और "सूरसारावली" के आधार पर अनुमान लगाया गया था और अनेक वर्षों तक यह दोहराया जाता रहा कि उनका जन्म संवत 1540 विक्रमी (सन 1483 ई.) में हुआ था, परन्तु विद्वानों ने

इस अनुमान के आधार को पूर्ण रूप में अप्रमाणिक सिद्ध कर दिया तथा पुष्टिमार्ग में प्रचलित इस अनुश्रुति के आधार पर कि सूरदास श्री मद्वल्लभाचार्य से 10 दिन छोटे थे, यह निश्चित किया कि सूरदास का जन्म वैशाख शुक्ल पक्ष पंचमी, संवत 1535 वि. (सन् 1478 ई.) को हुआ था। इस साम्प्रदायिक जनुश्रुति को प्रकाश में लाने तथा उसे अन्य प्रमाणों में पुष्ट करने का श्रेय डॉ. दीनदयाल गुप्त को है। जब तक इस विषय में कोई अन्यथा प्रमाण न मिले, हम सूरदास की जन्म–तिथि को यही मान सकते हैं।

विद्वान मतभेद

सूरदास के विषय में आज जो भी ज्ञात है, उसका आधार मुख्यतः "चौरासी वैष्णवन की वार्ता" ही है। इसके अतिरिक्त पुष्टिमार्ग में प्रचलित अनुश्रुतियाँ जो गोस्वामी हरिराय द्वारा किये गये उपर्युक्त वार्ता के परिवर्द्धनों तथा उस पर लिखी गयी "भावप्रकाश" नाम की टीका और गोस्वामी यदुनाथ द्वारा लिखित "वल्लभ दिग्विजय" के रूप में प्राप्त होती है, सूरदास के जीवनवृत्त की कुछ घटनाओं की सूचना देती है।

नाभादास के "भक्तमाल" पर लिखित प्रियादास की टीका, कवि मियासिंह के "भक्त विनोद", ध्रुवदास की "भक्तनामावली" तथा नागरीदास की "पदप्रसंगमाला" में भी सूरदास सम्बन्धी अनेक रोचक अनुश्रुतियाँ प्राप्त होती हैं, परन्तु विद्वानों ने उन्हें विश्वसनीय नहीं माना है।

"चौरासी वैष्णवन की वार्ता" से ज्ञात होता है कि प्रसिद्ध मुगल सम्राट् अकबर ने सूरदास से भेंट की थी, परन्तु यह आश्चर्य की बात है कि उस समय के किसी फारसी इतिहासकार ने "सूरसागर" के रचयिता महान् भक्त कवि सूरदास का कोई उल्लेख नहीं किया। इसी युग के अन्य महान् भक्त कवि तुलसीदास का भी मुगलकालीन इतिहासकारों ने उल्लेख नहीं किया। अकबरकालीन प्रसिद्ध इतिहास ग्रन्थों– "आईना–ए–अकबरी", "मुशि आते–अबुलफजल" और "मुन्तखबुत्तवारीख" में सूरदास नाम के दो व्यक्तियों का उल्लेख हुआ है, परन्तु ये दोनों प्रसिद्ध भक्त कवि सूरदास से भिन्न हैं। "आईना–ए–अकबरी" और "मुन्तखबुत्तवारीख" में अकबरी दरबार के रामदास नामक गवैया के पुत्र

सूरदास का उल्लेख है। ये सूरदास अपने पिता के साथ अकबर के दरबार में जाया करते थे। "मुंशिआते–अबुलफजल" में जिन सूरदास का उल्लेख है, वे काशी में रहते थे, अबुल फजल ने अनेक नाम एक पत्र लिखकर उन्हें आश्वासन दिया था कि काशी के उस करोड़ी के स्थान पर जो उन्हें क्लेश देता है, नया करोड़ी उन्हीं की आज्ञा से नियुक्त किया जायगा। कदाचित ये सूरदास मदनमोहन नाम के एक अन्य भक्त थे।

जाति

सूरदास हिन्दी साहित्य में भक्तिकाल में कृष्ण भक्ति के भक्त कवियों में अग्रणी है। महाकवि सूरदास जी वात्सल्य रस के सम्राट माने जाते हैं। उन्होंने श्रृंगार और शान्त रसों का भी बड़ा मर्मस्पर्शी वर्णन किया है। उनका जन्म मथुरा–आगरा मार्ग पर स्थित रुनकता नामक गांव में हुआ था। कुछ लोगों का कहना है कि सूरदास जी का जन्म सीही नामक ग्राम में एक निर्धन सारस्वत ब्राह्मण परिवार में हुआ था। बाद में वह आगरा और मथुरा के बीच गऊघाट पर आकर रहने लगे थे। आचार्य रामचन्द्र शुक्ल जी के मतानुसार सूरदास का जन्म संवत् 1540 विक्रमी के सन्निकट और मृत्यु संवत् 1620 विक्रमी के आसपास मानी जाती है।

जाति सम्बन्धी वाद–विवाद

सूरदास की जाति के सम्बन्ध में भी बहुत वाद–विवाद हुआ है। "साहित्य लहरी" के उपर्युक्त पद के अनुसार कुछ समय तक सूरदास को "भट्ट" या "ब्रह्मभट्ट" माना जाता रहा। भारतेन्दु बाबू हरिश्चन्द्र ने इस विषय में प्रसन्नता प्रकट की थी कि सूरदास महाकवि चन्दबरदाई के वंशज थे। किन्तु बाद में अधिकतर पुष्टिमार्गीय स्रोतों के आधार पर यह प्रसिद्ध हुआ कि वे सारस्वत ब्राह्मण थे।

बहुत कुछ इसी आधार पर "साहित्य लहरी" का वंशावली वाला पद अप्रामाणिक माना गया। "चौरासी वैष्णवन की वार्ता" में मूलतः सूरदास की जाति के विषय में कोई उल्लेख नहीं था, परन्तु गोसाई हरिराय द्वारा बढ़ाये गये "वार्ता" के अंश में उन्हें सारस्वत ब्राह्मण कहा गया है। उनके सारस्वत ब्राह्मण होने के प्रमाण पुष्टिमार्ग के अन्य वार्ता साहित्य से भी दिये गये है। अतः अधिकतर यही माना जाने लगा है कि सूरदास

सारस्वत ब्राह्मण थे, यद्यपि कुछ विद्वानों को इस विषय में अब भी सन्देह है।

डॉ. मंशीराम शर्मा ने यह सिद्ध करने का प्रयत्न किया है कि सूरदास ब्रह्मभट्ट ही थे। यह सम्भव है कि ब्रह्मभट्ट होने के नाते ही वे परम्परागत कवि–गायकों के वंशज होने के कारण "सरस्वती पुत्र" और "सारस्वत" नाम से विख्यात हो गये हों। अन्तः साक्ष्य से सूरदास के ब्राह्मण होने का कोई संकेत नहीं मिलता बल्कि इसके विपरीत अनेक पदों में उन्होंने ब्राह्मणों की हीनता का उल्लेख किया है।

इस विषय में श्रीधर ब्राह्मण के अंग–भंग तथा महराने के पाँड़ेवाले प्रसंग दृष्टव्य हैं। ये दोनों प्रसंग "भागवत" से स्वतन्त्र सूरदास द्वारा कल्पित हुए जान पड़ते हैं। इनमें सूरदास ने बड़ी निर्ममता पूर्वक ब्राह्मणत्व के प्रति निरादर का भाव प्रकट किया है। अजामिल तथा सुदामा के प्रसंगों में भी उनकी उच्च जाति का उल्लेख करते हुए सूर ने ब्राह्मणत्व के साथ कोई ममता नहीं प्रकट की।

इसके अतिरिक्त सम्पूर्ण "सूरसागर" में ऐसा कोई संकेत नहीं मिलता, जिससे इसका किंचित् भी आभास मिल सके कि सूर ब्राह्मण जाति के सम्बन्ध में कोई आत्मीयता का भाव रखते थे। वस्तुतः जाति के सम्बन्ध में वे पूर्ण रूप से उदासीन थे। दानलीला के एक पद में उन्होंने स्पष्ट रूप में कहा है कि कृष्ण की भक्ति के लिए उन्होंने अपनी जाति ही छोड़ दी थी। वे सच्चे अर्थों में हरि भक्तों की जाति के थे, किसी अन्य जाति से उनका कोई सम्बन्ध नहीं था।

3
सूरदास की अन्धता

सूरदास हिन्दी साहित्य के भक्ति काल में कृष्ण भक्ति के भक्त कवियों में अग्रणी हैं। महाकवि सूरदास जी वात्सल्य रस के सम्राट माने जाते हैं। उन्होंने श्रृंगार और शान्त रसों का भी बड़ा मर्मस्पर्शी वर्णन किया है। उनका जन्म मथुरा–आगरा मार्ग पर स्थित रुनकता नामक गांव में हुआ था। कुछ लोगों का कहना है कि सूरदास का जन्म सीही नामक ग्राम में एक निर्धन सारस्वत ब्राह्मण परिवार में हुआ था। बाद में वह आगरा और मथुरा के बीच गऊघाट पर आकर रहने लगे थे। आचार्य रामचन्द्र शुक्ल के मतानुसार सूरदास का जन्म संवत 1540 विक्रमी के सन्निकट और मृत्यु संवत 1620 विक्रमी के आसपास मानी जाती है।

सामान्य रूप से यह प्रसिद्ध रहा है कि सूरदास जन्मान्ध थे और उन्होंने भगवान की कृपा से दिव्य–दृष्टि पायी थी, जिसके आधार पर उन्होंने कृष्णलीला का आँखों देखा जैसा वर्णन किया। गोसाई हरिराय ने भी सूरदास को जन्मान्ध बताया है, परन्तु उनके जन्मान्ध होने का कोई स्पष्ट उल्लेख उनके पदों में नहीं मिलता। "चौरासी वैष्णवन की वार्ता" के मूल रूप में भी इसका कोई संकेत नहीं मिलता। जैसा कि पीछे कहा जा चुका है, उनके अन्धे होने का उल्लेख केवल अकबर की भेंट के प्रसंग में हुआ है। "सूरसागर" के लगभग 7–8 पदों में भी प्रत्यक्ष रूप

से और कभी प्रकारान्तर से सूरदास ने अपनी हीनता और तुच्छता का वर्णन करते हुए अपने को अन्धा कहा है।

सूरदास के सम्बन्ध में जितनी किंवदान्तियाँ प्रचलित हैं, उन सब में उनके अन्धे होने का उल्लेख हुआ है। उनके कुएँ में गिरने और स्वयं कृष्ण के द्वारा उद्धार पाने एवं दृष्टि प्राप्त करने तथा पुनः कृष्ण से अन्धे होने का वरदान माँगने की घटना लोकविश्रुत है। बिल्वमंगल सूरदास के विषय में भी यह चमत्कारपूर्ण घटना कही–सुनी जाती है।

इसके अतिरिक्त कवि मियाँसिंह ने तथा महाराज रघुराज सिंह ने भी कुछ चमत्कारपूर्ण घटनाओं का उल्लेख किया है, जिससे उनकी दिव्य–दृष्टि सम्पन्नता की सूचना मिलती है। नाभादास ने भी अपने "भक्तमाल" में उन्हें दिव्य–दृष्टि सम्पन्न बताया है। निश्चय ही सूरदास एक महान् कवि और भक्त होने के नाते असाधारण दृष्टि रखते थे, किन्तु उन्होंने अपने काव्य में वाह्य जगत के जैसे नाना रूपों, रंगों और व्यापारों का वर्णन किया है, उससे प्रमाणित होता है कि उन्होंने अवश्य ही कभी अपने चर्म–चक्षुओं से उन्हें देखा होगा।

उनका काव्य उनकी निरीक्षण–शक्ति की असाधारण सूक्ष्मता प्रकट करता है, क्योंकि लोकमत उनके माहात्म्य के प्रति इतना श्रद्धालु रहा है कि वह उन्हें जन्मान्ध मानने में ही उनका गौरव समझती है, इसलिए इस सम्बन्ध में कोई साक्ष्य नहीं मिलता कि वे किसी परिस्थिति में दृष्टिहीन हो गये थे। हो सकता है कि वे वृद्धवस्था के निकट दृष्टि–विहीन हो गये हों, परन्तु इसकी कोई स्पष्ट सूचना उनके पदों में नहीं मिलती। विनय के पदों में वृद्धावस्था की दुर्दशा के वर्णन के अन्तर्गत चक्षु–विहीन हाने का जो उल्लेख हुआ है, उसे आत्मकथा नहीं माना जा सकता, वह तो सामान्य जीवन के एक तथ्य के रूप में कहा गया है।

4

सूरदास का काव्य

महाकवि सूरदास हिन्दी के श्रेष्ठ भक्त कवि थे। उनका संपूर्ण काव्य ब्रजभाषा का शृंगार है, जिसमें विभिन्न राग, रागनियों के माध्यम से एक भक्त हृदय के भावपूर्ण उद्‌गार व्यक्त हुए हैं। कृष्ण, गाय, वृंदावन, गोकुल, मथुरा, यमुना, मधुवन, मुरली, गोप, गोपी आदि के साथ–साथ संपूर्ण ब्रज–जीवन, संस्कृति एवं सभ्यता के संदर्भ में उनकी वीणा ने जो कुछ गाया, उसके स्वर और शब्द, शताब्दियां बीत जाने पर भी भारतीय काव्य की संगीत के रूप में व्याप्त हैं। उनके काव्य का अंतरंग एवं बहिरंग पक्ष अत्यंत सुदृढ़ और प्रौढ़ है तथा अतुलित माधुर्य, अनुपम सौंदर्य और अपरिमित सौष्ठव से भरा पड़ा है।

काव्य पक्ष

काव्य के मुख्य रूप से दो पक्ष होते हैं–

1. भावपक्ष

2. कलापक्ष

भावपक्ष काव्य का आंतरिक गुण है। इसका संबंध कवि की सहृदयता और भावुकता से होता है। काव्य के शरीर तत्व को कलापक्ष कहते हैं। इसका संबंध कवि की चतुरता और रचना–कौशल से होता है। भावपक्ष एवं कलापक्ष से समन्वित काव्य ही श्रेष्ठ काव्य का उदाहरण माना जाता है।

भावपक्ष

महाकवि सूरदास का "सूरसागर" वास्तव में रस का महासागर है। इसमें भावों की विविधता और अनेक रूपता के सहज दर्शन होते हैं। मानव ह्रदय की गहराइयों में डूबने वाले कवि से यही आशा और अपेक्षा भी होती है। अपने सीमित क्षेत्र में भी नवीन उद्भावनाओं, कोमल कल्पनाओं आदि के कारण ही सूरदास हिंदी साहित्य के सवश्रेष्ठ कवि माने जाते हैं। सूरदास की कविता के भावपक्ष को निम्न प्रकार से देखा जा सकता है–

वस्तु–वर्णन

वर्ण्य–विषय की दृष्टि से सूरदास के संपूर्ण काव्य को प्रमुखतः छः भागों में बांटकर देखा जा सकता है–

1. विनय के पद
2. बालक कृष्ण से संबंधित पद
3. कृष्ण के रूप–सौंदर्य संबंधी पद
4. कृष्ण और राधा के रति भाव संबंधी पद
5. मुरली संबंधी पद
6. वियोग श्रृंगार के भ्रमरगीत के पद।

विनय के पदों में सूरदास ने विनय की संपूर्ण भूमिकाओं एवं वैष्णव भक्ति संबंधी समस्त नियमों के अनुकूल विनम्रता, निरभिमानता, निष्कपटता, इष्टदेव की महत्ता, भक्त की लघुता आदि का निरूपण बड़ी सजीवता के साथ किया है। कृष्ण के बाल–जीवन संबंधी पदों में सूरदास की अद्भुत कला के दर्शन होते हैं। सूरदास ने बाल–जीवन का ऐसा जीता–जागता चित्र अंकित किया है, जिसमें मनोवैज्ञानिकता, सरसता और चित्ताकर्षकता, सभी विद्यमान हैं। कृष्ण के रूप–माधुर्य संबंधी पदों में सूरदास ने अपने इष्टदेव कृष्ण के अनंत सौंदर्य की ऐसी झांकी प्रस्तुत की है, जिसे देखकर सभी का ह्रदय अनायास ही उस सौंदर्य पर न्यौछावर हो जाता है। कृष्ण और राधा के रति संबंधी पदों में सूरदास कृष्ण के साथ राधा

को महत्वपूर्ण स्थान देते हुए उन्हें आराध्य देवी के पद पर प्रतिष्ठित करते हैं। मुरली संबंधी पदों में सूरदास मुरली को एक साधारण मनोमुग्धकारी यंत्र से अधिक व्यापक अर्थ प्रदान करते हैं और आखिर में वियोग संबंधी भ्रमरगीत के पदों में सूरदास की कला के सर्वोत्कृष्ट रूप का दर्शन होता है। इन पदों में सूरदास ने सरसता, वाग्वैदग्ध्य एवं माधुर्य के साथ–साथ उद्धव संदेश, गोपियों की झुंझुलाहट, प्रेमातिरेक, व्यंग्य–विनोद, हास–परिहास, उपालंभ, उदारता, सहज चपलता, विरहोंमाद, वचन–वक्रता आदि का अद्भुत वर्णन किया है। स्पष्ट है कि सूरदास ने कृष्ण के बाल–जीवन से लेकर किशोरावस्था तक की संपूर्ण क्रीड़ाओं, चेष्टाओं एवं व्यापारों आदि के मनोहारी चित्रण द्वारा "सूरसागर" के रूप में एक अद्भुत काव्य की सृष्टि की है, जिसमें वात्सल्य और विप्रलंभ संबंधी वर्णन सर्वोपरि हैं।

प्रकृति–चित्रण

सूरदास की कविता के केंद्र में ब्रज प्रदेश की रमणीय प्रकृति अपने पूरे वैभव के साथ उपस्थित है। ब्रज प्रदेश की प्रकृति का मनोहारी रूप और आनंदोल्लासपूर्ण मधुर कलरव सूरदास के प्रत्येक पदों में गुंजायमान है। प्रकृति–नटी के रमणीय झांकी अंकित करते हुए सूरदास उसके षड्ऋतुओं में परिवर्तित होने वाले दिव्य सौंदर्य का मनमोहक निरूपण करते हैं। बसंत ऋतु के एक चित्र में कोकिल सदैव शोर मचाती रहती है, मन्मथ सदा चित्त चुराता रहता है, वृक्षों की डालियां विविध प्रकार के पुष्पों से भरी रहती हैं, जिन पर भ्रमर उन्मुक्त होकर विलास करते रहते हैं, और ऐसे में सर्वत्र हर्ष एवं उल्लास छाया रहता है और कोई भी उदास नहीं होता–

"सदा बसंत रहत जहं बास। सदा हर्ष जहं नहीं उदास।।
कोकिल कीर सदा तंह रोर। सदा रूप मन्मथ चित चोर।।
विविध सुमन बन फूले डार। उन्मत मधुकर भ्रमत अपार।।"

कलापक्ष

कलापक्ष काव्य का वाह्य अंग होता है, जिसके अंतर्गत प्रमुखतः–

काव्य–शैली, भाषा, अलंकार आदि का समावेश होता है। ये तीनों भावों के वाहक हैं, जिनके माध्यम से भावों को संप्रेषित किया जाता है। सूरदास की कविता के कलापक्ष को निम्नांकित रूप में देख सकते हैं–

काव्य–शैली

जीवन की कोमलतम अनुभूतियां गीत–शैली में उत्तम ढंग से व्यक्त हो सकती हैं। इसीलिए सूरदास ने गीत–शैली का आधार ग्रहण किया। कृष्ण का ब्रज रूप समस्त गीति–काव्य की सुंदरतम भावभूमि है। "सूरसागर" में एक ओर जहां कथा की क्षीण धारा प्रवाहित होती है, वहीं दूसरी ओर वर्णात्मक प्रसंग भी हैं, किंतु इनमें कवि का मन ज्यादा रमा नहीं है। प्रत्येक समर्थ साहित्यकार की अपनी विशिष्ट शैली होती है, जिसमें उसका संपूर्ण व्यक्तित्व प्रतिबिंबित होता है। कुछ विद्वानों ने "सूरसागर" को प्रबंध–मुक्तक काव्य की संज्ञा से विभूषित किया है। डॉ. सत्येंद्र इसे 'कीर्तन काव्य' कहते हैं, जबकि डॉ. ब्रजेश्वर वर्मा ने विविधता की दृष्टि से "सूरसागर" के पदों का वर्गीकरण निम्नांकित रूप में किया है–

श्रीमद्भागवत के कथा प्रसंग तथा कथा–दृपूर्ति हेतु वर्णात्मक अंश

1. दृश्य और वर्णन विस्तार
2. वर्णात्मक कथानक
3. गीतात्मक कथानक
4. सामान्य चरित संबंधी गेय पद
5. विशिष्ट क्रीड़ा संबंधी गेय पद
6. रूप चित्रण और मुरली–वादन संबंधी गेय पद
7. प्रभाव–वर्णन संबंधी गेय पद
8. भाव–चित्रण संबंधी गेय पद
9. फुटकल गेय पद।

सूरदास के पदों में गीतिकाव्य के सभी प्रधान तत्व देखें जाते हैं। सूरदास के पदों की आत्मा संगीत है, जिसकी रचना अनुभूति की सघनता के क्षणों में हुई है। इनमें भाषाओं की वंश वर्तनी है एवं कवि के अंतर्वेग को छंद ने लय की एकरूपता में बांध दिया है। इनमें अभिप्रेत अर्थ भावों तक पहुंचाने का प्रतिनिधित्व करते हैं। ये सब ही विशेषताएं गीतिकाव्य के अंतर्गत आती हैं। निर्विवादित रूप से "सूरसागर" गीति–शैली का एक अद्वितीय काव्य–ग्रंथ है।

दृष्टिकूटि–शैली

"सूरसागर" में दृष्टिकूटि–शैली भी देखने को मिलती है। सूरदास की काव्य–कला का एक नमूना वह है, जिसमें शब्द–क्रीड़ा का चमत्कार प्रस्तुत किया गया है। इसमें न तो लोकगीतों की सहजता है और न ही आंतरिक संगीतात्मकता। दृष्टिकूटि पद–रचना हिन्दी में सूरदास की अपनी निजी कलात्मक विशेषता है। उनमें शब्द–क्रीड़ा एवं चमत्कार की सर्वत्र प्रमुखता है।

भाषा–शैली

सूरदास की रचना परिमाण और गुण दोनों में महान् कवियों के बीच अतुलनीय है। आत्माभिव्यंजना के रूप में इतने विशाल काव्य का सर्जन सूर ही कर सकते थे, क्योंकि उनके स्वात्ममुं सम्पूर्ण युग जीवन की आत्मा समाई हुई थी। उनके स्वानुभूतिमूलक गीतिपदों की शैली के कारण प्रायः यह समझ लिया गया है कि वे अपने चारों ओर के सामाजिक जीवन के प्रति पूर्ण रूप में सजग नहीं थे, परन्तु प्रचारित पूर्वाग्रहों रो गुक्त होकर यदि देखा जाय तो स्वीकार किया जाएगा कि सूर के काव्य में युग जीवन की प्रबुद्ध आत्मा का जैसा स्पन्दन मिलता है, वैसा किसी दूसरे कवि में नहीं मिलेगा। यह अवश्य है कि उन्होंने उपदेश अधिक नहीं दिये, सिद्धान्तों का प्रतिपादन पण्डितों की भाषा में नहीं किया, व्यावहारिक अर्थात् सांसारिक जीवन के आदर्शों का प्रचार करने वाले सुधारक का बना नहीं धारण कियाय परन्तु मनुष्य की भावात्मक सत्ता का आदर्शीकृत रूप गढ़ने में उन्होंने जिस व्यवहार बुद्धि का प्रयोग किया है, उससे प्रमाणित होता है कि वे किसी मनीषी से पीछे

नहीं थे। उनका प्रभाव सच्चे कान्ता सम्मित उपदेश की भाँति सीधे हृदय पर पड़ता है। वे निरे भक्त नहीं थे, सच्चे कवि थे। ऐसे द्रष्टा कवि थे, जो सौन्दर्य के ही माध्यम से सत्य का अन्वेषण कर उसे मूर्त रूप देने में समर्थ होते हैं। युगजीवन का प्रतिबिम्ब होते हुए उसमें लोकोत्तर सत्य के सौन्दर्य का आभास देने की शक्ति महाकवि में ही होती है, निरे भक्त, उपदेशक और समाज सुधारक में नहीं।

सूरदास जी वात्सल्यरस के सम्राट माने गए हैं। उन्होंने श्रृंगार और शान्त रसो का भी बड़ा मर्मस्पर्शी वर्णन किया है। बालकृष्ण की लीलाओं को उन्होंने अन्तःचक्षुओं से इतने सुन्दर, मोहक, यथार्थ एवं व्यापक रुप में देखा था, जितना कोई आँख वाला भी नहीं देख सकता। वात्सल्य का वर्णन करते हुए वे इतने अधिक भाव–विभोर हो उठते हैं कि संसार का कोई आकर्षण फिर उनके लिए शेष नहीं रह जाता।

सूर ने कृष्ण की बाललीला का जो चित्रण किया है, वह अद्वितीय व अनुपम है। डॉक्टर हजारी प्रसाद द्विवेदी जी ने लिखा है– "संसार के साहित्य की बात कहना तो कठिन है, क्योंकि वह बहुत बड़ा है और उसका एक अंश मात्र हमारा जाना है, परन्तु हमारे जाने हुए साहित्य में इतनी तत्परता, मनोहारिता और सरसता के साथ लिखी हुई बाललीला अलभ्य है। बालकृष्ण की एक–एक चेष्टा के चित्रण में कवि कमाल की होशियारी और सूक्ष्म निरीक्षण का परिचय देता है। न उसे शब्दों की कमी होती है, न अलंकार की, न भावो की, न भाषा की।"

अपने–आपको पिटाकर, अपना सर्व निछावर करके जो तन्मयता प्राप्त होती है वही श्रीकृष्ण की इस बाल–लीला को संसार का अद्वितीय काव्य बनाए हुए है।"

आचार्य रामचन्द्र शुक्ल ने भी इनकी बाललीला–वर्णन की प्रशंसा में लिखा है– "गोस्वामी तुलसी जी ने गीतावली में बाललीला को इनकी देखा–देखी बहुत विस्तार दिया सही, पर उसमें बाल–सुलभ भावों और चेष्टाओं की वह प्रचुरता नहीं आई, उसमें रुप–वर्णन की ही प्रचुरता रही।" बाल–चेष्टा का निम्न उदाहरण देखिए:–

मैया कवहिं बढ़ैगी चोटी ?

कितिक बार मोहि दूध पियत भई,

यह अजहूँ है छोटी।

तू जो कहति "बल' की बेनी

ज्यों ह्मववै है लाँबी मोटी।।

खेलत में को काको गोसैयाँ

जाति–पाँति हमतें कछु नाहिं,

न बसत तुम्हारी छैयाँ।

अति अधिकार जनावत यातें,

अधिक तुम्हारे हैं कछु गैयाँ।

सोभित कर नवनीत लिए।

घुटरुन चलत रेनु तन मंडित,

मुख दधि लेप किए।।

सूर के शान्त रस वर्णनों में एक सच्चे हृदय की तस्वीर अति मार्मिक शब्दों में मिलती है।

कहा करौ बैकुठहि जाय ?

जहँ नहिं नन्द, जहाँ न जसोदा,

नहिं जहँ गोपी ग्वाल न गाय।

जहँ नहिं जल जमुना को निर्मल

और नहीं कदमन की छाँय।

परमानन्द प्रभु चतुर ग्वालिनी,

ब्रजरज तजि मेरी जाय बलाय।

कुछ पदों के भाव भी बिल्कुल मिलते हैं, जैसे–

अनुखन माधव माधव सुमिरइत सुंदर भेलि मधाई।
ओ निज भाव सुभावहि बिसरल अपने गुन लुबधाई।।
भोरहि सहचरि कातर दिठि हेरि छल छल लोचन पानि।
अनुखन राधा राधा रटइत आधा आधा बानि।।
राधा सयँ जब पनितहि माधव, माधव सयँ जब राधा।
दारुन प्रेम तबहि नहिं टूटत बाढ़त बिरह क बाधा।।
दुहुँ दिसि दारु दहन जइसे दगधइ,आकुल कोट–परान।
ऐसन बल्लभ हेरि सुधामुखि कबि विद्यापति भान।।

इस पद्य का भावार्थ यह है कि प्रतिक्षण कृष्ण का स्मरण करते करते राधा कृष्णरुप हो जाती हैं और अपने को कृष्ण समझकर राधा क वियोग में "राधा राधा' रटने लगती हैं। फिर जब होश में आती हैं तब कृष्ण के विरह से संतप्त होकर फिर 'कृष्ण कृष्ण' करने लगती हैं।

सुनौ स्याम ! यह बात और काउ क्यों समझाय कहै।
दुहुँ दिसि की रति बिरह बिरहिनी कैसे कै जो सहै।।
जब राधे, तब ही मुख "माधौ माधौ' रटति रहै।
जब माधो ह्मवै जाति, सकल तनु राधा दृ विरह रहै।।
उभय अग्र दव दारुकीट ज्यों सीतलताहि चहै।
सूरदास अति बिकल बिरहिनी कैसेहु सुख न लहै।।

सूरसागर में जगह जगह दृष्टिकूटवाले पद मिलते हैं। यह भी विद्यापति का अनुकरण है। "सारंग' शब्द को लेकर सूर ने कई जगह कूट पद कहे हैं। विद्यापति की पदावली में इसी प्रकार का एक कूट देखिए–

सारँग नयन, बयन पुनि सारँग,
सारँग तसु समधाने।

सारँग उपर उगल दस सारँग

केलि करथि मधु पाने।।

पच्छिमी हिन्दी बोलने वाले सारे प्रदेशों में गीतों की भाषा ब्रज ही थी। दिल्ली के आसपास भी गीत ब्रजभाषा में ही गाए जाते थे, यह हम खुसरो (संवत् १३४०) के गीतों में दिखा आए हैं। कबीर (संवत् १५६०) के प्रसंग में कहा जा चुका है कि उनकी "साखी' की भाषा तो""सध ुक्कड़ी' है, पर पदों की भाषा काव्य में प्रचलित ब्रजभाषा है। यह एक पद तो कबीर और सूर दोनों की रचनाओं के भीतर ज्यों का त्यों मिलता है–

है हरिभजन का परवाँन।

नीच पावै ऊँच पदवी,

बाजते नीसान।

भजन को परताप ऐसो

तिरे जल पापान।

अधम भील, अजाति गनिका

चढ़े जात बिवाँन।।

नवलख तारा चलै मंडल,

चले ससहर भान।

दास धू कौं अटल

पदवी राम को दीवान।।

निगम जामी साखि बोलैं

कथैं संत सुजान।

जन कबीर तेरी सरनि आयौ,

राखि लेहु भगवान।।

(कबीर ग्रंथावली)

है हरि–भजन को परमान।
नीच पावै ऊँच पदवी,
बाजते नीसान।
भजन को परताप ऐसो
जल तरै पाषान।
अजामिल अरु भील गनिका
चढ़े जात विमान।।
चलत तारे सकल, मंडल,
चलत ससि अरु भान।
भक्त ध्रुव की अटल पदवी
राम को दीवान।।
निगम जाको सुजस गावत,
सुनत संत सुजान।
सूर हरि की सरन आयौ,
राखि ले भगवान।।

(सूरसागर)

कबीर की सबसे प्राचीन प्रति में भी यह पद मिलता है, इससे नहीं कहा जा सकता है कि सूर की रचनाओं के भीतर यह कैसे पहुँच गया।

राधाकृष्ण की प्रेमलीला के गीत सूर के पहले से चले आते थे, यह तो कहा ही जा चुका है। बैजू बावरा एक प्रसिद्ध गवैया हो गया है जिसकी ख्याति तानसेन के पहले देश में फैली हुई थी। उसका एक पद देखिएः–

मुरली बजाय रिझाय लई मुख मोहन तें।

गोपी रीझि रही रसतानन सों सुधबुध सब बिसराई।

धुनि सुनि मन मोहे, मगन भईं देखत हरि आनन।

जीव जंतु पसु पंछी सुर नर मुनि मोहे, हरे सब के प्रानन।

बैजू बनवारी बंसी अधर धरि बृंदाबन चंदबस किए सुनत ही कानन।।

जिस प्रकार रामचरित का गान करने वाले भक्त कवियों में गोस्वामी तुलसीदासजी का स्थान सर्वश्रेष्ठ है उसी प्रकार कृष्णचरित गाने वाले भक्त कवियों में महात्मा सूरदासजी का। वास्तव में ये हिंदी काव्यगगन के सूर्य और चंद्र हैं। जो तन्मयता इन दोनों भक्तशिरोमणि कवियों की वाणी में पाई जाती है वह अन्य कवियों में कहां। हिन्दी काव्य इन्हीं के प्रभाव से अमर हुआ। इन्हीं की सरसता से उसका स्रोत सूखने न पाया।

उत्तम पद कवि गंग के,

कविता को बलबीर।

केशव अर्थ गँभीर को,

सुर तीन गुन धीर।।

इसी प्रकार यह दोहा भी बहुत प्रसिद्ध हैः—

किधौं सूर को सर लग्यो,

किधौं सूर की पीर।

किधौं सूर को पद लग्यो,

बेध्यो सकल सरीर।।

यद्यपि तुलसी के समान सूर का काव्यक्षेत्र इतना व्यापक नहीं कि उसमें जीवन की भिन्न भिन्न दशाओं का समावेश हो पर जिस परिमित पुण्यभूमि में उनकी वाणी ने संचरण किया उसका कोई कोना अछूता न छूटा। श्रृंगार और वात्सल्य के क्षेत्र में जहाँ तक इनकी दृष्टि पहुँची वहाँ तक ओर किसी कवि की नहीं।

काहे को आरि करत मेरे मोहन!

यों तुम आँगन लोटी ?

जो माँगहु सो देहुँ मनोहर,

य है बात तेरी खोटी।।

सूरदास को ठाकुर ठाढ़ो

हाथ लकुट लिए छोटी।।

सोभित कर नवनीत लिए।

घुटुरुन चलत रेनु–तन–मंडित,

मुख दधि–लेप किए।।

सिखवत चलन जसोदा मैया।

अरबराय कर पानि गहावति,

डगमगाय धरै पैयाँ।।

पाहुनि करि दै तरक मह्यौ।

आरि करै मनमोहन मेरो,

अंचल आनि गह्यो।।

व्याकुल मथत मथनियाँ रीती,

दधि भ्वै ढरकि रह्यो।।

बालकों के स्वाभाविक भावों की व्यंजना के न जाने कितने सुंदर पद भरे पड़े हैं। "स्पर्धा' का कैसा सुंदर भाव इस प्रसिद्ध पद में आया है–

मैया कबहिं बढ़ैगी चीटी ?

कितिक बार मोहिं दूध पियत भई,

वह अजहूँ है छोटी।

तू जो कहति "बल' की बेनी ज्यों

ह्मवै है लाँबी मोटी।।

इसी प्रकार बालकों के क्षोभ के यह वचन देखिए–

खेलत में को काको गोसैयाँ ?

जाति पाँति हम तें कछु नाहिं,

न बसत तुम्हारी छैयाँ।

अति अधिकार जनावत यातें,

अधिक तुम्हारे हैं कछु गैयाँ।।

वात्सल्य के समान ही श्रृंगार के संयोग और वियोग दोनों पक्षों का इतना प्रचुर विस्तार और किसी कवि में नहीं। गोकुल में जब तक श्रीकृष्ण रहे तब तक का उनका सारा जीवन ही संयोग पक्ष है।

करि ल्यौ न्यारी,

हरि आपनि गैयाँ।

नहिंन बसात लाल कछु तुमसों

सबै ग्वाल इक ठैयाँ।

धेनु दुहत अति ही रति बाढ़ी।

एक धार दोहनि पहुँचावत,

एक धार जहँ प्यारी ठाढ़ी।।

मोहन कर तें धार चलति पय

मोहनि मुख अति ह छवि बाढ़ी।।

राधा कृष्ण के रुप वर्णन में ही सैकड़ों पद कहे गए हैं किसमे उपमा, रुपक और उत्प्रेक्षा आदि की प्रचुरता है। आँख पर ही न जाने कितनी उक्तियाँ हैं–

देखि री ! हरि के चंचल नैन।
खंजन मीन मृगज चपलाई,
नहिं पटतर एक सैन।।
राजिवदल इंदीवर, शतदल,
कमल, कुशेशय जाति।
निसि मुद्रित प्रातहि वै बिगसत, ये बिगसे दिन राति।।
अरुन असित सित झलक पलक प्रति,
को बरनै उपमाय।
मनो सरस्वति गंग जमुन
मिलि आगम कीन्हों आय।।

नेत्रों के प्रति उपालंभ भी कहीं कहीं बड़े मनोहर हैं–

सींचत नैन–नीर के, सजनी ! मूल पतार गई।
बिगसति लता सभाय आपने छाया सघन भई।।
अब कैसे निरुवारौं, सजनी ! सब तन पसरि छई।

सूरसागर का सबसे मर्मस्पर्शी और वाग्वैदग्ध्यपूर्ण अंश भ्रमरगीत है जिसमें गोपियों की वचनवक्रता अत्यंत मनोहारिणी है। ऐसा सुंदर उपालंभ काव्य और कहीं नहीं मिलता। उद्धव तो अपने निर्गुण ब्रह्मज्ञान और योग कथा द्वारा गोपियों को प्रेम से विरत करना चाहते हैं और गोपियाँ उन्हें कभी पेट भर बनाती हैं, कभी उनसे अपनी विवशता और दीनता का निवेदन करती हैं–

उधो ! तुम अपनी जतन करौ
हित की कहत कुहित की लागै,
किन बेकाज ररौ ?
जाय करौ उपचार आपनो,

हम जो कहति हैं जी की।

कछू कहत कछुवै कहि डारत,

धुन देखियत नहिं नीकी।

इस भ्रमरगीत का महत्त्व एक बात से और बढ़ गया है। भक्तशिरोमणि सूर ने इसमें सगुणोपासना का निरुपण बड़े ही मार्मिक ढंग से, हृदय की अनुभूति के आधार पर तर्कपद्धति पर नहीं–किया है। सगुण निर्गुण का यह प्रसंग सूर अपनी ओर से लाए हैं। जब उद्धव बहुत सा वाग्विस्तार करके निर्गुण ब्रह्म की उपासना का उपदेश बराबर देते चले जाते हैं, तब गोपियाँ बीच में रेककर इस प्रकार पूछती हैं–

निर्गुन कौन देस को बासी ?

मधुकर हँसि समुझाय,

सौह दै बूझति साँच, न हाँसी।

और कहती हैं कि चारों ओर भासित इस सगुण सत्ता का निषेध करक तू क्यों व्यर्थ उसके अव्यक्त और अनिर्दिष्ट पक्ष को लेकर यों ही बक बक करता है।

सुनिहै कथा कौन निर्गुन की,

रचि पचि बात बनावत।

सगुन–सुमेरु प्रगट देखियत,

तुम तृन की ओट दुरावत।।

उस निर्गुण और अव्यक्त का मानव हृदय के साथ भी कोई सम्बन्ध हो सकता है, यह तो बताओ–

रेख न रुप, बरन जाके नहिं ताको हमैं बतावत।

अपनी कहौ, दरस ऐसे को तु कबहूँ हौ पावत ?

मुरली अधर धरत है सो, पुनि गोधन बन बन चारत ?

नैन विसाल, भौंह बंकट करि देख्यो कबहुँ निहारत ?

तन त्रिभंग करि, नटवर वपु धरि, पीतांबर तेहि सोहत ?

सूर श्याम ज्यों देत हमैं सुख त्यौं तुमको सोउ मोहत ?

अन्त में वे यह कहकर बात समाप्त करती हैं कि तुम्हारे निर्गुण से तो हमें कृष्ण के अवगुण में ही अधिक रस जान पड़ता है–

ऊनो कर्म कियो मातुल बधि,

मदिरा मत्त प्रमाद।

सूर श्याम एते अवगुन में

निर्गुन नें अति स्वाद।।

5

सूरदास की भक्ति भावना

'भक्ति' शब्द की निर्मिति 'भज' धातु में 'क्विन' प्रत्यय लगाने से हुई है, जिसका अर्थ होता है– "ईश्वर के प्रति सेवा भाव।" शाण्डिल्य भक्ति–सूत्र में भी यही बात दुहराई गयी है कि "सापरानुरक्तिरीश्वरे" अर्थात "ईश्वर में पर अनुरक्ति ही भक्ति है।" नारदभक्तिसूत्र के अनुसार– "भक्ति ईश्वर के प्रति परम–प्रेमरूपा और अमृत स्वरूप है।" सूरदास के गुरु वल्लभाचार्य ने भी भक्ति के विषय में अपना प्रकट किया है कि "ईश्वर में सुदृढ़ और सनत स्नेह ही भक्ति है।"

सूरदास की भक्ति

सूरदास वल्लभाचार्य के शिष्य थे। उनके काव्य में वल्लभाचार्य द्वारा प्रतिपादित कृष्ण स्वरूप की प्रतिष्ठा स्वाभाविक रूप से हुई है। सूरदास की भक्ति में अंतःकरण की प्रेरणा तथा अंतर की अनुभूति की प्रधानता है। उनके काव्य में अभिव्यक्त भक्ति–भावना के दो चरण देखे जा सकते हैं–

पहला चरण वल्लभाचार्य से मिलने के पूर्व का है, जिसमें सूरदास वल्लभ संप्रदाय में दीक्षित होने से पूर्व दैन्यभाव पर आधारित भक्ति के पदों की रचना कर रहे थे।

दूसरा चरण वल्लभाचार्य से मिलने के बाद आरंभ होता है, जब

सूरदास वल्लभ संप्रदाय में दीक्षित होकर पुष्टिमार्गीय भक्ति पर आधारित भक्ति के पदों की रचना की ओर प्रवृत हुए। सूरदास की भक्ति भावना में इस प्रकार के पदों का बाहुल्य देखा जा सकता है।

दास्य भाव भक्ति

भक्ति मूलतः भावोद्गार है। सूरदास ने अपनी भक्ति में ईश्वर के समक्ष अनेक प्रकार की विनय भावना व्यक्त की है। सूरदास ने स्वयं को अपने ईश्वर का तुच्छ सेवक मानते हुए उनके समक्ष दैन्य प्रकट किया है। इस कारण सूरदास की भक्ति 'दास्य भाव' की भक्ति कहलाती है, जिसमें भक्त स्वयं को अपने ईश्वर का दास मानकर उनकी सेवा और भक्ति करता है। इस संदर्भ में एक कहावत प्रचलित है कि सूरदास जब गाऊघाट पर रहते थे तो उन्हें वहां एक दिन वल्लभाचार्य के आने का पता चला। सूरदास उचित समय पर वल्लभाचार्य से मिलने गए और उनके आदेश पर अपने रचित दो पद उन्हें गाकर भी सुनाए–

'हौं हरि सब पतितन कौ नायक'
एवं
'प्रभु! हौं सब पतितन कौ टीकौ।'

वल्लभाचार्य ने सूरदास के इन दीनतापूर्ण पदों को सुना और उन्होंने सूरदास से कहा कि–

"जो सूर ह्वै कै ऐसो घिघियात काहे को है? कुछ भगवत् लीला वर्णन करौ।"

इस पर सूरदास ने वल्लभाचार्य से कहा कि– "प्रभु! मुझे तो भगवान की लीलाओं का किंचित भी ज्ञान नहीं।" ऐसा सुनकर वल्लभाचार्य ने सूरदास को अपने संप्रदाय में स्वीकारते हुए पुष्टिमार्ग में दीक्षित करने का निश्चय किया। उन्होंने सूरदास को श्रीमद्भागवत के दशम स्कंध की बनाई हुई अपनी अनुक्रमणिका सुनाई, जिसके पश्चात् सूरदास ने विनय के पदों का गान छोड़कर पुष्टिमार्गी परिपाटी के अनुसार ईश्वर की भक्ति का वर्णन करना आरंभ कर दिया। भक्ति भावना के प्रथम चरण में सूरदास 'ईश्वर–भक्ति' को इस संसार में व्याप्त भय एवं ताप से बाहर निकलने का एक मात्र रास्ता मानते हैं। उनका अनुराग ईश्वर के प्रति

अप्रतिम है, इसलिए सांसारिकता के प्रति उन्होंने विराग भाव व्यक्त किया है। सांसारिक सुखों की निंदा करते हुए सूरदास ने सभी सांसारिक कार्यों, सुखों और अवस्थाओं को दोषपूर्ण माना है। उनका मानना था कि निष्पक्ष आंखों से देखने पर ही अपने भीतर की अच्छाईयां और बुराईयां दिखाई पड़ती हैं और खुद के प्रति बरती गयी यही ईमानदारी भक्त के हृदय में दैन्य भाव को जगाती है। इसी कारण सूरदास के विनय वर्णित इन आरंभिक पदों में दैन्य भावों की प्रधानता है। ईश्वर के गुणों की अधिकता और उनके समक्ष अपनी लघुता का भाव उन्होंने सूरसागर के आरंभ में बार–बार प्रकट किया हैं। वे कहते हैं कि अगर उन्होंने ईश्वर–भक्ति नहीं की तो उनका इस संसार में जन्म लेना ही व्यर्थ है–

"सूरदास भगवंत भजन बिनु धरनी जननी बोझ कत मारी"

"सूरदास प्रभु तुम्हरे भजन बिनु जैसे सूकर स्वान–सियार"

सूरदास का भक्त हृदय इतिहास और पुराण के अनेक उद्धरणों के माध्यम से भक्तों पर ईश्वरी कृपा के महत्त्व का प्रतिपादन करता है। अहिल्या, गणिका, अजामिल, गज, द्रौपदी, प्रह्लाद आदि उदाहरणों के माध्यम से सूरदास यह स्थापित करते हैं कि कैसे ईश्वर अपने भक्तों पर कृपा की बौछार बरसाते हैं। सूरदास का भक्त हृदय ऐसा स्मरण कर स्वयं को संतुष्ट करता है–

"गज गनिका गौतम तिय तारी। सूरदास सठ सरन तुम्हारी।"

सूरदास का मानना था कि ईश्वर अपने भक्तों पर असीम कृपा करते हैं। इसलिए उन्होंने ईश्वर को भक्ति वत्सल और हितकारी कहा है–

"ऐसे कान्ह भक्त हितकारी, प्रभु तेरो वचन भरोसौ सांचौ।"

अपनी दुर्दशा के वर्णन द्वारा सूरदास प्रभु शरण में जाने की इच्छा बार–बार व्यक्त करते हैं–

"अबकि राखि लेहु भगवाना"

सूरदास के इस चरण की भक्ति पर संत कवियों की वाणी का भी प्रभाव दिखाई पड़ता है। इस दौर में माया से संबंधित अनेक पदों की

रचना करते हुए उन्होंने माया की भर्त्सना ठीक संत कवियों जैसी ही की है। यद्यपि आगे चलकर उन्होंने निर्गुण भक्ति पर गहरा प्रहार भी किया, लेकिन उनकी भक्ति भावना के निरूपण के इस आरंभिक चरण में उन पर संत कवियों का प्रभाव पड़ा। कुल मिलाकर "संसार से विराग" और "ईश्वर से राग" यही सूरदास की आरंभिक दौर की भक्ति का मूल आधार रहा है, जिसे उन्होंने बड़ी तल्लीनता के साथ व्यक्त किया है।

6

सूरदास की मृत्यु

सूरदास हिन्दी साहित्य में भक्ति काल में कृष्ण के भक्त कवियों में अग्रणी हैं। महाकवि सूरदास वात्सल्य रस के सम्राट माने जाते हैं। उन्होंने श्रृंगार और शान्त रसों का भी बड़ा मर्मस्पर्शी वर्णन किया है। हिन्दी कविता कामिनी के इस कमनीय कांत ने हिन्दी भाषा को समृद्ध करने में जो योगदान दिया, वह अद्वितीय है। सूरदास की मधुर कविताएँ और भक्तिमय गीत लोगों को भगवान की तरफ आकर्षित करते थे। धीरे–धीरे उनकी ख्याति बढ़ती गयी और मुगल शासक अकबर भी उनके दर्शक बन गये। सूरदास ने अपने संग्रह "सूरसागर" में तकरीबन हजार से भी ज्यादा गीतों की रचना की है, जिनमें से 8000 आज भी विद्यमान हैं। उन्हें एक सगुण भक्ति का कवि कहा जाता था और वे संत सूरदास के नाम से प्रसिद्ध थे। उनके नाम का अर्थ भी "मधुर संगीत का संत" होता है।

मृत्यु

पारसौली वह स्थान है, जहाँ पर कहा जाता है कि कृष्ण ने रासलीला की थी। एक समय आचार्य वल्लभ, श्रीनाथ जी और गोसाई विट्ठलनाथ ने श्रीनाथ जी की आरती करते समय सूरदास को अनुपस्थित पाकर जान लिया कि सूरदास का अन्त समय निकट आ गया है।

उन्होंने अपने सेवकों से कहा कि– "पुष्टिमार्ग का जहाज जा रहा है, जिसे जो लेना हो ले ले।" आरती के उपरान्त गोसाई जी रामदास, कुम्भनदास, गोविंदस्वामी और चतुर्भुजदास के साथ सूरदास के निकट पहुँचे और सूरदास को, जो अचेत पड़े हुए थे, चौतन्य होते हुए देखा। सूरदास ने गोसाई जी का साक्षात् भगवान के रूप में अभिनन्दन किया और उनकी भक्तवत्सलता की प्रशंसा की। चतुर्भुजदास ने इस समय शंका की कि सूरदास ने भगवद्यश तो बहुत गाया, परन्तु आचार्य वल्लभ का यशगान क्यों नहीं किया।

सूरदास ने बताया कि उनके निकट आचार्य जी और भगवान में कोई अन्तर नहीं है, जो भगवद्यश है, वही आचार्य जी का भी यश है। गुरु के प्रति अपना भाव उन्होंने "भरोसो दृढ़ इन चरनन केरो" वाला पद गाकर प्रकट किया। इसी पद में सूरदास ने अपने को "द्विविध आन्धरो" भी बताया।

गोसाई विट्ठलनाथ ने पहले उनके "चित्त की वृत्ति" और फिर "नेत्र की वृत्ति" के सम्बन्ध में प्रश्न किया तो उन्होंने क्रमशः "बलि बलि बलि हों कुमरि राधिका नन्द सुवन जासों रति मानी" तथा "खंजन नैन रूप रस माते" वाले दो पद गाकर सूचित किया कि उनका मन और आत्मा पूर्णरूप से राधा भाव में लीन है। इसके बाद सूरदास ने शरीर त्याग दिया।

सूरदास का स्थान

धर्म, साहित्य और संगीत के सन्दर्भ में महाकवि सूरदास का स्थान न केवल हिन्दी भाषा के क्षेत्र, बल्कि सम्पूर्ण भारत में मध्य युग की महान् विभूतियों में अग्रगण्य है। यह सूरदास की लोकप्रियता और महत्ता का ही प्रमाण है कि "सूरदास" नाम किसी भी अन्धे भक्त गायक के लिए रूढ़–सा हो गया है।

मध्य युग में इस नाम के कई भक्त कवि और गायक हो गये हैं, अपने विषय में मध्य युग के ये भक्त कवि इतने उदासीन थे कि उनका जीवन–वृत्त निश्चित रूप से पुनः निर्मित करना असम्भव प्राय है, परन्तु इतना कहा जा सकता है कि "सूरसागर" के रचयिता सूरदास इस नाम

के व्यक्तियों में सर्वाधिक प्रसिद्ध और महान् थे और उन्हीं के कारण कदाचित यह नाम उपर्युक्त विशिष्ट अर्थ के द्योतक सामान्य अभिधान के रूप में प्रयुक्त होने लगा। ये सूरदास विट्ठलनाथ द्वारा स्थापित "अष्टछाप" के अग्रणी भक्त कवि थे और "पुष्टिमार्ग" में उनकी वाणी का आदर बहुत कुछ सिद्धान्त वाक्य के रूप में होता है।

7

सूरदास की रचनाएँ

सूरदास जी द्वारा लिखित पाँच ग्रन्थ बताए जाते हैं–

1 सूरसागर

2 सूरसारावली

3 साहित्य–लहरी

4 नल–दमयन्ती

5 ब्याहलो

उपरोक्त में अन्तिम दो ग्रंथ अप्राप्य हैं। "नागरी प्रचारिणी सभा" द्वारा प्रकाशित हस्तलिखित पुस्तकों की विवरण तालिका में सूरदास के 16 ग्रन्थों का उल्लेख है। इनमें "सूरसागर", "सूरसारावली", "साहित्य लहरी", "नल–दमयन्ती" और "ब्याहलो" के अतिरिक्त "दशमस्कंध टीका", "नागलीला", "भागवत्", "गोवर्धन लीला", "सूरपचीसी", "सूरसागर सार", "प्राणप्यारी" आदि ग्रन्थ सम्मिलित हैं। इनमें प्रारम्भ के तीन ग्रंथ ही महत्त्वपूर्ण समझे जाते हैं।

मेरो मन अनत कहाँ सुख पावै।

जैसे उड़ि जहाज की पंछी, फिरि जहाज पै आवै।

कमल–नैन को छाँड़ि महातम, और देव को ध्यावै।

परम गंग को छाँड़ि पियासो, दुरमति कूप खनावै।

जिहिं मधुकर अंबुज–रस चाख्यो, क्यों करील–फल भाव।

"सूरदास" प्रभु कामधेनु तजि, छेरी कौन दुहावै।

सूरसागर

सूरदास की जीवनी के सम्बन्ध में कुछ बातों पर काफी विवाद और मतभेद हैं। सबसे पहली बात उनके नाम के सम्बन्ध में है। "सूरसागर" में जिस नाम का सर्वाधिक प्रयोग मिलता है, वह सूरदास अथवा उसका संक्षिप्त रूप "सूर" ही है। सूर और सूरदास के साथ अनेक पदों में स्याम, प्रभु और स्वामी का प्रयोग भी हुआ है, परन्तु सूर–स्याम, सूरदास स्वामी, सूर–प्रभु अथवा सूरदास–प्रभु को कवि की छाप न मानकर सूर या सूरदास छाप के साथ स्याम, प्रभु या स्वामी का समास समझना चाहिये।

कुछ पदों में सूरज और सूरजदास नामों का भी प्रयोग मिलता है, परन्तु ऐसे पदों के सम्बन्ध में निश्चयपूर्वक नहीं कहा जा सकता कि वे सूरदास के प्रामाणिक पद हैं अथवा नहीं। "साहित्य लहरी" के जिस पद में उसके रचयिता ने अपनी वंशावली दी है, उसमें उसने अपना असली नाम सूरजचन्द बताया है, परन्तु उस रचना अथवा कम–से–कम उस पद की प्रामाणिकता स्वीकार नहीं की जाती। निष्कर्षतः "सूरसागर" के रचयिता का वास्तविक नाम सूरदास ही माना जा सकता है।

सूरदास की सर्वसम्मत प्रामाणिक रचना "सूरसागर" है। एक प्रकार से "सूरसागर" जैसा कि उसके नाम से सूचित होता है, उनकी सम्पूर्ण रचनाओं का संकलन कहा जा सकता है। "सूरसागर" के अतिरिक्त "साहित्य लहरी" और "सूरसागर सारावली" को भी कुछ विद्वान् उनकी प्रामाणिक रचनाएँ मानते हैं, परन्तु इनकी प्रामाणिकता सन्दिग्ध है। सूरदास के नाम से कुछ अन्य तथाकथित रचनाएँ भी प्रसिद्ध हुई हैं, परन्तु वे या तो "सूरसागर" के ही अंश हैं अथवा अन्य कवियों को रचनाएँ हैं।

"सूरसागर" के अध्ययन से विदित होता है कि श्रीकृष्ण की अनेक लीलाओं का वर्णन जिस रूप में हुआ है, उसे सहज ही खण्डकाव्य जैसे स्वतन्त्र रूप में रचा हुआ भी माना जा सकता है। प्रायः ऐसी लीलाओं को पृथक् रूप में प्रसिद्धि भी मिल गयी है। इनमें से कुछ हस्तलिखित रूप में तथा कुछ मुद्रित रूप में प्राप्त होती हैं। उदाहरण के लिए "नागलीला" जिसमें कालिय दमन का वर्णन हुआ है, "गोवर्धन लीला", जिसमें गोवर्धनधारण और इन्द्र के शरणागमन का वर्णन है, "प्राण प्यारी" जिसमें प्रेम के उच्चादर्श का पच्चीस दोहों में वर्णन हुआ है, मुद्रित रूप में प्राप्त हैं।

हस्तलिखित रूप में "व्याहलों" के नाम से राधा–कृष्ण विवाह सम्बन्धी प्रसंग, "सूरसागर सार" नाम से रामकथा और रामभक्ति सम्बन्धी प्रसंग तथा "सूरदास जी के दृष्टकूट" नाम से कूट–शैली के पद पृथक् ग्रन्थों में मिले हैं। इसके अतिरिक्त "पद संग्रह", "दशम स्कन्ध", "भागवत", "सूरसाठी", "सूरदास जी के पद" आदि नामों से "सूरसागर" के पदों के विविध संग्रह पृथक् रूप में प्राप्त हुए है। ये सभी "सूरसागर के" अंश हैं। वस्तुतः "सूरसागर" के छोटे–बड़े हस्तलिखित रूपों के अतिरिक्त उनके प्रेमी भक्तजन समय–समय पर अपनी–अपनी रुचि के अनुसार "सूरसागर" के अंशों को पृथक् रूप में लिखते–लिखाते रहे हैं। "सूरसागर" का वैज्ञानिक रीति से सम्पादित प्रामाणिक संस्करण निकल जाने के बाद ही कहा जा सकता है कि उनके नाम से प्रचलित संग्रह और तथाकथित ग्रन्थ कहाँ तक प्रमाणित हैं।

8

सूरदास के भजन

देखे मैं छबी आज अति बिचित्र हरिकी

देखे मैं छबी आज अति बिचित्र हरिकी ।ध्रु०।
आरुण चरण कुलिशकंज। चंदनसो करत रंग।
सूरदास जंघ जुगुली खंब कदली। कटी जोकी हरिकी ।१।
उदर मध्य रोमावली। भवर उठत सरिता चली।
वत्सांकित हृदय भान। चोकि हिरनकी ।२।
दसनकुंद नासासुक। नयनमीन भवकार्मुक।
केसरको तिलक भाल। शोभा मृगमदकी ।३।
सीस सोभे मयुरपिच्छ। लटकत है सुमन गुच्छ।
सूरदास हृदय बसे। मूरत मोहनकी ।४।

* *

श्रीराधा मोहनजीको रूप निहारो

श्रीराधा मोहनजीको रूप निहारो ।ध्रु० ।

छोटे भैया कृष्ण बडे बलदाऊं चंद्रवंश उजिआरो ।श्री० ।१ ।

मोर मुगुट मकराकृत कुंडल पितांबर पट बारो ।श्री० ।२ ।

हलधर गीरधर मदन मनोहर जशोमति नंद दुलारी ।श्री० ।३ ।

शंख चक्र गदा पद्म विराजे असुरन भंजन हारो ।श्री० ।४ ।

जमुनाके नीर तीर धेनु चरावे वोढे कामर कारो ।श्री० ।५ ।

निरमल जल जमुनाजीको किनो नागनाथ लीयो कारो ।श्री० ।६ ।

इंद्र कोप चढे व्रज उपर नखपर गीरवर धारो ।श्री० ।७ ।

कनक सिंहासन जदुवर बैठे कोटि भानु उजिआरो ।श्री० ।८ ।

माता जशोदा करत आरती बार बार बलिहारो ।श्री० ।९ ।

सूरदास हरिको रूप निहारे जीवन प्रान हमारे ।श्री० ।१० ।

* *

राधे कृष्ण कहो मेरे प्यारे

राधे कृष्ण कहो मेरे प्यारे भजो मेरे प्यारे जपो मेरे प्यारे ।ध्रु० ।

भजो गोविंद गोपाळ राधे कृष्ण कहो मेरे ।प्यारे० ।१ ।

कृष्णजीकी लाल लाल अखियां हो लाल अखियां। जैसी खिलीरे गुलाब ।राधे० ।२ ।

सिरपर मुगुट विराजे हो विराजे। बन्सी शोभे रसाल ।राधे० ।३ ।

पितांबर पटकुलवाली हो पटकुलवाली कंठे मोतियनकी

माल ।राधे० ।४ ।

शुभ काने कुंडल झलके हो कुंडल झलके। तिलक शोभेरे ललाट ।राधे० ।५ ।

सूरदास चरण बलिहारी हो चरण बलिहारी। मै तो जनम जनम तिहारो दास ।राधे० ।६ ।

* *

नंद दुवारे एक जोगी आयो

नंद दुवारे एक जोगी आयो शिंगी नाद बजायो।

सीश जटा शशि वदन सोहाये अरुण नयन छबि छायो ।नंद ।ध्रु० ।

रोवत खिजत कृष्ण सावरो रहत नही हुलरायो।

लीयो उठाय गोद नंदरानी द्वारे जाय दिखायो ।नंद० ।१ ।

अलख अलख करी लीयो गोदमें चरण चुमि उर लायो।

श्रवण लाग कछु मंत्र सुनायो हसी बालक कीलकायो ।नंद ।२ ।

चिरंजीवोसुत महरी तिहारो हो जोगी सुख पायो।

सूरदास रमि चल्यो रावरो संकर नाम बतायो। नंद ।३ ।

* *

देख देख एक बाला जोगी

देख देख एक बाला जोगी द्वारे मेरे आया हो ।ध्रु० ।

पीतपीतांबर गंगा बिराजे अंग बिभूती लगाया हो।

तीन नेत्र अरु तिलक चंद्रमा जोगी जटा बनाया हो ।१ ।

भिछा ले निकसी नंदरानी मोतीयन थाल भराया हो।
ल्यो जोगी जाओ आसनपर मेरा लाल दराया हो।२।
ना चईये तेरी माया हो अपनो गोपाल बताव नंदरानी।
हम दरशनकु आया हों।३।
बालकले निकसी नंदरानी जोगीयन दरसन पाया हो।
दरसन पाया प्रेम बस नाचे मन मंगल दरसाया हो।४।
देत आसीस चले आसनपर चिरंजीव तेरा जाया हो।
सूरदास प्रभु सखा बिराजे आनंद मंगल गाया हो।५।

* *

बासरी बजाय आज रंगसो मुरारी

बासरी बजाय आज रंगसो मुरारी।
शिव समाधि भूलि गयी मुनि मनकी तारी "बा०"ध्रु०"
बेद भनत ब्रह्मा भुले भूले ब्रह्मचरी।
सुनतही आनंद भयो लगी है करारी।बास०।१।
रंभा सब ताल चूकी भूमी नृत्य कारी।
यमुना जल उलटी बहे सुधि ना सम्हारी।बा०।२।
श्रीवृंदावन बन्सी बजी तीन लोक प्यारी।
ग्वाल बाल मगन भयी व्रजकी सब नारी।बा०।३।
सुंदर श्याम मोहन मुरती नटबर वपुधारी।
सूरकिशोर मदन मोहन चरण कमल बलिहारी।बास०।४।

* *

जागो पीतम प्यारा लाल

जागो पीतम प्यारा लाल तुम जागो बन्सिवाला।
तुमसे मेरो मन लाग रह्यो तुम जागो मुरलीवाला।जा०।ध्रु०।
बनकी चिडीयां चौं चौं बोले पंछी करे पुकारा।
रजनि बित और भोर भयो है गरगर खुल्या कमरा।१।
गरगर गोपी दहि बिलोवे कंकणका ठिमकारा।
दहिं दूधका भर्या कटोरा सावर गुडाया डारा।जा०।२।
धेनु उठी बनमें चली संग नहीं गोवारा।
ग्वाल बाल सब द्वारे ठाडे स्तुति करत अपारा।जा०।३।
शिव सनकादिक और ब्रह्मादिक गुन गावे प्रभू तोरा।
सूरदास बलिहार चरनपर चरन कमल चित मोरा।जा०।४।

* *

ऐसे भक्ति मोहे भावे उद्धवजी

ऐसे भक्ति मोहे भावे उद्धवजी ऐसी भक्ति।
सरवस त्याग मगन होय गाचे जनग करम गुन गाते।उ०।ध्रु०।
कथनी कथे निरंतर मेरी चरन कमल चित लावे।
मुख मुरली नयन जलधारा करसे ताल बजावे।उ०।१।
जहां जहां चरन देत जन मेरो सकल तिरथ चली आवे।
उनके पदरज अंग लगावे कोटी जनम सुख पावे।उ०।२।

उन मुरति मेरे हृदय बसत है मोरी सूरत लगावे।
बलि बलि जाऊं श्रीमुख बानी सूरदास बलि जावे।उ०।३।

* *

नेक चलो नंदरानी उहां लगी

नेक चलो नंदरानी उहां लगी नेक चलो नंदारानी।ध्रु।०।
देखो आपने सुतकी करनी दूध मिलावत पानी।उ०।१।
हमरे शिरकी नयी चुनरिया ले गोरसमें सानी।उ०।२।
हमरे उनके करन बाद है हम देखावत जबानी।उ०।३।
तुमरे कुलकी ऐशी बतीया सो हमारे सब जानी।उ०।४।
पिता तुमारे कंस घर बांधे आप कहावत दानी।उ०।५।
यह व्रजको बसवो हम त्यागो आप रहो राजधानी।उ०।६।
सूरदास उखर उखरकी बरखा थोर जल उतरानी।उ०।७।

* *

देखो माई हलधर गिरधर जोरी

देखो माई हलधर गिरधर जोरी ।ध्रु०।
हलधर हल मुसल कलधारे गिरधर छत्र धरोरी।देखो०।१।
हलधर ओढे पित पितांबर गिरधर पीत पिछोरी।देखो०।२।
हलधर केहे मेरी कारी कामरी गीरधरने ली चोरी।देखो०।३।
सूरदास प्रभुकी छबि निरखे भाग बडे जीन कोरी।देखो०।४।

* *

नेननमें लागि रहै गोपाळ

नेननमें लागि रहे गोपाळ नेननमें ।ध्रु०।
मैं जमुना जल भरन जात रही भर लाई जंजाल ।ने० ।१।
रुनक झुनक पग नेपुर बाजे चाल चलत गजराज ।ने० ।२।
जमुनाके नीर तीर धेनु चरावे संग लखो लिये ग्वाल ।ने० ।३।
बिन देखे मोही कल न परत है निसदिन रहत बिहाल ।ने० ।४।
लोक लाज कुलकी मरजादा निपट भ्रमका जाल ।ने० ।५।
वृंदाबनमें रास रचो है सहस्त्र गोपि एक लाल ।ने० ।६।
मोर मुगुट पितांबर सोभे गले वैजयंती माल ।ने० ।७।
शंख चक्र गदा पद्म विराजे वांके नयन बिसाल ।ने० ।८।
सुरदास हरिको रूप निहारे चिरंजीव रहो नंद लाल ।ने० ।९।

* *

दरसन बिना तरसत मोरी अखियां

दरसन बिना तरसत मोरी अखियां ।ध्रु०।
तुमी पिगा मोही छांड सीधारे फरकन लागी छतिया ।द० ।१।
बस्ति छाड उज्जड किनी व्याकुल भई सब सखियां ।द० ।२।
सूरदास कहे प्रभु तुमारे मिलनकूं ज्युजलंती मुख बतिया ।द० ।३।

* *

सावरे मोकु रंगमें बोरी बोरी

सावरे मोकु रंगमें बोरी बोरी सांवरे मोकुं रंगमें बोरी बोरी।ध्रु०।

बहीयां पकर कर शीरकी गागरिया। छिन गागर ढोरी।

रंगमें रस बस मोकूं किनी। डारी गुलालनकी झोरी। गावत लागे मुखसे होरी।सा०।१।

आयो अचानक मिले मंदिरमें। देखत नवल किशोरी।

धरी भूजा मोकुं पकरी जीवनने बलजोरे। माला मोतियनकी तोरी।सा०।२।

तब मोरे जोर कछु न चालो। बात कठीन सुनाई।

तबसे उनकु नेन दिखायो मत जानो मोकूं मोरी। जानु तोरे चितकी चोरी।सा०।३।

मरजादा हमेरी कछु न राखी कंचुबोकी कसतोरी।

सूरदास प्रभु तुमारे मिलनकू मोकूं रंगमें बोरी। गईती मैं नंदजीकी पोरी।सा०।४।

* *

हमसे छल कीनो काना नेनवा लगायके

हमसे छल कीनो काना नेनवा लगायके।ध्रु०।

जमुनाजलमें जीपें गेंद डारी कालि नागनाथ लाये।

इंद्रको गुमान हर्यो गोवरधन धारके।ह०।१।

मोर मुगुट बांधे काली कामरी खांदे।

जमुनाजीमें ठाडो काना बासरी बजायके।ह०।२।

देवकीको जायो काना आधिरेन गोकुल आयो।

जशोदा रमायो काना माखन खिलायके।ह०।३।

गोपि सब त्याग दिनी कुबजा संग प्रीत कीनि।

सूर कहे प्रभु दरुशन दीजे मोरी व्रजमें आयके।ह०।४।

* *

जमुनाके तीर बन्सरी बजावे कानो

जमुनाके तीर बन्सरी बजावे कानो।ज०।ध्रु०।

बन्सीके नाद थंभ्यो जमुनाको नीर खग मृग।

धेनु मोहि कोकिला अनें किर।बं०।१।

सुरनर मुनि मोह्या रागसो गंभीर।

धुन सुन मोहि गोपि भूली आंग चीर।बं०।२।

मारुत तो अचल भयो धरी रह्यो धीर।

गौवनका बच्च्यां मोह्यां पीवत न खीर।बं०।३।

सूर कहे श्याम जादु कीन्ही हलधरके बीर।

सबहीको मन मोह्या प्रभु सुख सरीर।ब०।४।

* *

मधुरीसी बेन बजायके

मधुरीसी बेन बजायके। मेरो मन मोह्यो सांवरा।ध्रु०।

मेरे आंगनमें बांसको बेडलो सिंचो मन चित्त लायके।
अब तो बेरण भई बासरी मोहन मुखपर आयके।सां०।१।
मैं जल जमुना भरन जातरी मारग रोक्यो आयके।
बनसीमें कछु आचरण गावे राधेको नाम सुनायके।सा०।२।
घुंघटका पट ओडे आवें सब सखियां सरमायके।
कहां कहेली सहेली सासु नणंदी घर जायके।सां०।३।
सूरदास गोकुलकी महिमा कबलग कहूं बनायके।
एक बेर मोहे दरशन दीजो कुंज गलिनमें आयके।सां०।४।

* *

काहू जोगीकी नजर लागी है

काहू जोगीकी नजर लागी है मेरो कुंवर। कन्हिया रोवे।ध्रु०।
घर घर हात दिखावे जशोदा दूध पीवे नहि सोवे।
चारो डांडी सरल सुंदर। पलनेमें जु झुलावे।मे०।१।
मेरी गली तुम छिन मति आवो। अलख अलख मुख बोले।
राई लवण उतारे यशोदा सुरप्रभूको सुवावे।मे०।२।

* *

शाम नृपती मुरली भई रानी

शाम नृपती मुरली भई रानी।ध्रु०।
बन ते ल्याय सुहागिनी किनी। और नारी उनको न सोहानी।१।

कबहु अधर आलिंगन कबहु। बचन सुनन तनु दसा भुलानी।२।

सुरदास प्रभू तुमारे सरनकु। प्रेम नेमसे मिलजानी।३।

* *

मुरली कुंजनीनी कुंजनी बाजती

मुरली कुंजनीनी कुंजनी बाजती।ध्रु०।

सुनीरी सखी श्रवण दे अब तुजेही बिधि हरिमुख राजती।१।

करपल्लव जब धरत सबैलै सप्त सूर निकल साजती।२।

सूरदास यह सौती साल भई सबहीनके शीर गाजती।३।

* *

तुमको कमलनयन कबी गलत

तुमको कमलनयन कबी गलत।ध्रु०।

बदन कमल उपमा यह साची ता गुनको प्रगटावत।१।

सुंदर कर कमलनकी शोभा चरन कमल कहवावत।२।

और अंग कही कहा बखाने इतनेहीको गुन गवावत।३।

शाम मन अडत यह बानी बढ श्रवण सुनत सुख ५वावत।

सूरदास प्रभु ग्वाल संघाती जानी जाती जन वावत।४।

* *

रसिक सीर भो हेरी लगावत

रसिक सीर भो हेरी लगावत गावत राधा राधा नाम।ध्रु०।

कुंजभवन बैठे मनमोहन अली गोहन सोहन सुख तेरोई गुण ग्राम।१।

श्रवण सुनत प्यारी पुलकित भई प्रफुल्लित तनु मनु रोम राम सुखराशी बाम।२।

सूरदास प्रभु गिरीवर धरको चली मिलन गजराज गामिनी झनक रुनक बन धाम।३।

* *

फुलनको महल फुलनकी सज्या

फुलनको महल फुलनकी सज्या फुले कुंजबिहारी। फुली राधा प्यारी।ध्रु०।

फुलेवे दंपती नवल मनन फुले फले करे केली न्यारी।१।

फुलीलता वेली विविधा सुमन गन फुले आवन दोऊं है सुखकारी ।२।

सूरदास प्रभु प्यारपर बारत फुले फलचंपक बेली नेवारी।३।

* *

कायकूं बहार परी

कायकूं बहार परी। मुरलीया।कायकू ब०।ध्रु०।

जेलो तेरी ज्यानी पग पछानी। आई बनकी लकरी मुरलिया। कायकु ब०।१।

घडी एक करपर घडी एक मुखपर। एक अधर धरी मुरलिया। कायकु ब० ।२।

कनक बासकी मंगावूं लकरियां। छिलके गोल करी मुरलिया। कायकु ब० ।३।

सूरदासकी बाकी मुरलिये। संतन से सुधरी। मुरलिया काय० ।४।

* *

सुदामजी को देखत श्याम हसे

सुदामजीको देखत श्याम हसे सुदामजीको देखत० ।ध्रु०।

हम तुम मित्र है बालपनके। अब तुम दूर बसे ।सुदामजी ।१।

फाटीरे धोती टुटी पगडीयां। चालत पाव घसे ।सुदा० ।२।

भाभिजीने कुछ भेट पठाई। पोवे तीन पैसे ।सुदा० ।३।

सूरदास प्रभु तुम्हारे मिलनसे। कंचन मेल बसे ।सुदामजी० ।४।

* *

महाराज भवानी ब्रह्म भुवनकी रानी

महाराज भवानी ब्रह्म भुवनकी रानी ।ध्रु०।

आगे शंकर तांडव करत है। भाव करत शुलपानी ।महा० ।१।

सुरनर गंधर्वकी भिड भई है। आगे खडा दंडपानी ।महा० ।२।

सुरदास प्रभु पल पल निरखत। भक्तवत्सल जगदानी ।महा० ।३।

* *

हरि जनकू हरिनाम बडो धन

हरि जनकू हरिनाम बडो धन हरि जनकू हरिनाम ।ध्रु० ।
बिन रखवाले चोर नहि चोरत सुवत है सुख धाम ।ब० ।१ ।
दिन दीन होते सवाई दोढी धरत नहीं कछु दाम ।ब० ।२ ।
सुरदास दोढी धरत नहीं कछु दाम ।ब० ।३ ।
प्रभु सेवा जाकी पारससुं कहां काम ।ब० ।४ ।

* *

ऐसे संतनकी सेवा

ऐसे संतनकी सेवा। कर मन ऐसे संतनकी सेवा ।ध्रु० ।
शील संतोख सदा उर जिनके। नाम रामको लेवा ।क० ।१ ।
आन भरोसो हृदय नहि जिनके। भजन निरंजन देवा ।क० ।२ ।
जीन मुक्त फिरे जगमाही। ज्यु नारद मुनी देवा ।क० ।३ ।
जिनके चरन कमलकूं इच्छत। प्रयाग जमुना रेवा ।क० ।४ ।
सूरदास कर उनकी संग। मिले निरंजन देवा ।क० ।५ ।

* *

जयजय नारायण ब्रह्मपरायण

जयजय नारायण ब्रह्मपरायण श्रीपती कमलाकांत ।ध्रु० ।
नाम अनंत कहां लगी बरनुं शेष न पावे अंत ।

शिव सनकादिक आदि ब्रह्मादिक सूर मुनिध्यान धरत।जयजय० ।१।

मच्छ कच्छ वराह नारसिंह प्रभु वामन रूप धरत।

परशुराम श्रीरामचंद्र भये लीला कोटी करत।जयजय०।२।

जन्म लियो वसुदेव देवकी घर जशूमती गोद खेलत।

पेस पाताल काली नागनाथ्यो फणपे नृत्य करत।जयजय०।३।

बलदेव होयके असुर संहारे कंसके केश ग्रहत।

जगन्नाथ जगमग चिंतामणी बैठ रहे निश्चत।जयजय०।४।

कलियुगमें अवतार कलंकी चहुं दिशी चक्र फिरत।

द्वादशस्कंध भागवत गीता गावे सूर अनंत।जयजय०।५।

* *

जनम सब बातनमें बित गयोरे

जनम सब बातनमें बित गयोरे।ध्रु०।

बार बरस गये लडकाई । बसे जोवन भयो ।

त्रिश बरस मायाके कारन देश बिदेश गयो।१।

चालीस अंदर राजकुं पायो बढे लोभ नित नयो।

सुख रांपत मायाके कारण ऐसे चलत गयो। जन०।२।

सुकी त्वचा कमर भई ढिली, ए सब ठाठ भयो।

बेटा बहुवर कह्यो न माने बुड ना शठजीहू भयो।जन०।३।

ना हरी भजना ना गुरु सेवा ना कछु दान दियो।

सूरदास मिथ्या तन खोवत जब ये जमही आन मिल्यो।जन०।४।

* *

देखो ऐसो हरी सुभाव

देखो ऐसो हरी सुभाव देखो ऐसो हरी सुभाव।
बिनु गंभीर उदार उदधि प्रभु जानी शिरोमणी राव।ध्रु०।
बदन प्रसन्न कमलपद सुनमुख देखत है जैसे।
बिमुख भयेकी कृपावा मुखकी फिरी चितवो तो तैसे।दे०।१।
सरसो इतनी सेवाको फल मानत मेरु समान।
मानत सबकुच सिंधु अपराधहि बुंद आपने जान।दे०।२।
भक्तबिरह कातर करुणामय डोलत पाछे लाग।
सूरदास ऐसे प्रभुको दये पाछे पिटी अभाग।दे०।३।

* *

सब दिन गये विषयके हेत

सब दिन गये विषयके हेत सब दिन गये।
गंगा जल छांड कूप जल पिवत हरि तजी पूजत प्रेत।ध्रु०।
जानि बुजी अपनो तन खोयो केस भये सब स्वेत।
श्रवण न सुनत नैनत देखत थके चरनके चेत।सब०।१।
रुधे द्वार शब्द छष्ण नहि आवत। चंद्र ग्रहे जेसे केत।
सूरदास कछु ग्रंथ नहि लागत। अबे कृष्ण नामको लेत।सब०।२।

* *

मन तोये भुले भक्ति बिसारी

मन तोये भुले भक्ति बिसारी मन तो ये भुले भक्ति बिसारी।
शिरपर काल सदासर सांधत देखत बाजीहारी।ध्रु०।
कौन जमनातें सकृत कीनो मनुख देहधरी।
तामे नीच करम रंग रच्यो दुष्ट बासना धरी।मन०।१।
बालपनें खेलनमें खोयो जीवन गयो संग नारी।
वृद्ध भयो जब आलस आयो सर्वस्व हार्यो जुवारी।मन०।२।
अजहुं जरा रोग नहीं व्यापी तहांलो भजलो मुरारी।
कहे सूर तूं चेत सबेरो अंतकाल भय भारी।मन०।३।

* *

बेर बेर नही आवे अवसर

बेर बेर नही आवे अवसर बेर बेर नही आवे।
जो जान तो करले भलाई जन्मोजन्म सुख पावे।बरे०।१।
धन जोबत अजलीको पाणी बखणतां बेर नहीं लागे।
तन छुटे धन कोन कामको काहेकूं करनी कहावे।बेर बेर०।२।
ज्याको मन बडो कृष्ण स्नेहकुं झूठ कबहूं नही आवे।
सूरदासकी येही बिनती हरखी निरखी गुन गावे।बेर बेर०।३।

* *

केत्ते गये जखमार भजनबिना

केत्ते गये जखमार भजनबिना केत्ते गये० ।ध्रु०।
प्रभाते उठी नावत धोवत पालत है आचार ।भज० ।१।
दया धर्मको नाम न जाण्यो ऐसो प्रेत चंडाल ।भज० ।२।
आप डुबे औरनकूं डुबाये चले लोभकी लार ।भज० ।३।
माला छापा तिलक बनायो ठग खायो संसार ।भज० ।४।
सूरदास भगवंत भजन बिना पडे नर्कके द्वार ।भज० ।५।

क्यौरे निंदभर सोया मुसाफर क्यौरे निंदभर सोया ।ध्रु०।
मनुजा देहि देवनकु दुर्लभ जन्म अकारन खोया ।मुसा० ।१।
घर दारा जोबन सुत तेरा वामें मन तेरा मोह्या ।मुसा० ।२।
सूरदास प्रभु चलेही पंथकु पिछे नैनूं भरभर रोया ।मुसा० ।३।

जय जय श्री बालमुकुंदा। मैं हूं चरण चरण रजबंदा ।ध्रु०।
देवकीके घर जन्म लियो जद। छुट परे सब बंदा ।च० ।१।
मथुरा त्यजे हरि गोकुल आये। नाम धरे जदुनंदा ।च० ।२।
जमुनातीरपर कूद परोहै। फनपर नृत्यकरंदा जमुनातीरपर कूद परोहै।
फरपर नृत्यकरंदा ।च० ।३।
सूरदास प्रभु तुमारे दरशनकु। तुमही आनंदकंदा ।च० ।४।

निरधनको धनि राम। हमारो० ।ध्रु०।

खान न खर्चत चोर न लूटत। साथे आवत काम।ह०।१।

दिन दिन होत सवाई दीढी। खरचत को नहीं दाम।ह०।२।

सूरदास प्रभु मुखमों आवत। और रसको नही काम हमारो०।३।

अद्‌भुत एक अनुपम बाग।ध्रु०।

जुगल कमलपर गजवर क्रीडत तापर सिंह करत अनुराग।१।

हरिपर सरवर गिरीवर गिरपर फुले कुंज पराग।२।

रुचित कपोर बसत ताउपर अमृत फल ढाल।३।

फलवर पुहूप पुहुपपर पलव तापर सुक पिक मृगमद काग।४।

खंजन धनुक चंद्रमा राजत ताउपर एक मनीधर नाग।५।

अंग अंग प्रती वोरे वोरे छबि उपमा ताको करत न त्याग।६।

सूरदास प्रभु पिवहूं सुधारस मानो अधरनिके बड भाग।७।

तबमें जानकीनाथ कहो।ध्रु०।

सागर बांधु सेना उतारो। सोनेकी लंका जलाहो।१।

तेतीस कोटकी बंद छुडावूं बिभिसन छत्तर धरावूं।२।

सूरदास प्रभु लंका जिती। सो सीता घर ले आवो।

तबमें जानकीनाथ०।३।

कमलापती भगवान। मारो साईं कम०।ध्रु०।

राम लछमन भरत शत्रुघन। चवरी डुलावे हनुमान।१।

मोर मुगुट पितांबर सोभे। कुंडल झलकत कान।२।

सूरदास प्रभु तुमारे मिलनकुं। दासाकुं वांको ध्यान।
मारू सांई कमलापती० ।३।

उधो मनकी मनमें रही ।ध्रु०।
गोकुलते जब मथुरा पधारे। कुंजन आग देही ।१।
पतित अक्रूर कहासे आये। दुखमें दाग देही ।२।
तन तालाभरना रही उधो। जल बल भस्म भई ।३।
हमरी आख्या भर भर आवे। उलटी गंगा बही ।४।
सूरदास प्रभु तुमारे मिलन। जो कछु भई सो भई ।५।

नारी दूरत बयाना रतनारे ।ध्रु०।
जानु बंधु बसुमन बिसाल पर सुंदर शाम सीली मुख तारे।
रहीजु अलक कुटील कुंडलपर मोतन चितवन चिते बिसारे।
सिथील मोंह धनु गये मदन गुण रहे कोकनद बान बिखारे।
मुदेही आवत है ये लोचन पलक आतुर उधर तन उधारे।
सूरदास प्रभु सोई धो कहो आतुर ऐसोको बनिता जासो रति रहनारे ।१।

अति सूख सुरत किये ललना संग जात समद मन्मथ सर जोरे।
राती उनीदे अलसात मरालगती गोकुल चपल रहतकछु थोरे।
मनहू कमलके को सते प्रीतम ढुंडन रहत छपी रीपु दल दोरे।
सजल कोप प्रीतमै सुशोभियत संगम छबि तोरपर ढोरे।

मनु भारते भवरमीन शिशु जात तरल चितवन चित चोरे।

वरनीत जाय कहालो वरनी प्रेम जलद बेलावल ओरे।

सूरदास सो कोन प्रिया जिनी हरीके सकल अंग बल तोरे।१।

रैन जागी पिया संग रंग मीनी।ध्रु०।

प्रफुल्लित मुख कंज नेन खजरीटमान मेन मिथुरी। रहे चुरन कच बदन ओप किनी।१।

आतुर आलस जंभात पूलकीत अतिपान खाद मद। माते तन मुधीन रही सीथल भई बेनी।२।

मांगते टरी मुक्तता हल अलक संग अरुची रही ऊरग। नसत फनी मानो कुंचकी तजी दिनी।३।

बिकसत ज्यौं चंपकली भोर भये भवन चली लटपटात। प्रेम घटी गजगती गती लिन्हा।४।

आरतीको करत नाश गिरिधर सुठी सुखकी रासी सूरदास। स्वामीनी गुन गने न जात चिन्ही।५।

खेलिया आंगनमें छगन मगन किजिये कलेवा। छीके ते सारी दधी उपर तें कढी धरी पहीर।

लेवूं झगुली फेंटा बाँधी लेऊं मेवा।१।

गवालनके संग खेलन जाऊं खेलनके मीस भूषण ल्याऊं। कौन परी प्यारे ललन नीसदीनकी ठेवा।२।

सूरदास मदनमोहन घरही खेलो प्यारे। ललन भंवरा चक डोर दे हो हंस चकोर परेवा।३।

कान्हा कुबजा संग रिझोरे। कान्हा मोरे करि कामारिया।ध्रु०।
मैं जमुना जल भरन जात रामा। मेरे सिरपर घागरियां।का०।१।
मैं जी पेहरी चटक चुनरिया। नाक नथनियां बसरिया।का०।२।
ब्रिंदाबनमें जो कुंज गलिनमो। घेरलियो सब ग्वालनिया।का०।३।
जमुनाके निरातीर धेनु चरावे। नाव नथनीके बेसरियां।का०।४।
सूरदास प्रभु तुमरे दरसनकु। चरन कमल चित्त धरिया।का०।५।

कोण गती ब्रिजनाथ। अब मोरी कोण गती ब्रिजनाथ।ध्रु०।
भजनबिमुख अरु स्मरत नही। फिरत विषया साथ।१।
हूं पतीत अपराधी पूरन। आचरु कर्म विकार।२।
काम क्रोध अरु लाभ। चित्रवत नाथ तुमही।३।
विकार अब चरण सरण लपटाणो। राखीलो महाराज।४।
सूरदास प्रभु पतीतपावन। सरनको ब्रीद संभार।५।

चोरी मोरी गेंदया मैं कैशी जाऊं पाणीया।ध्रु०।
ठाडे केसनजी जमुनाके थाडे। गवाल बाल सब संग लियो।
न्यारे न्यारे खेल खेलके। बनसी बजाये पटमोहे।चो०।१।
सब गवालनके मनको लुभावे। मुरली खूब ताल सुनावे।
गोपि घरका धंदा छोडके। श्यामसे लिपट जावे।चो०।२।
सूरदास प्रभू तुमरे चरणपर। प्रेम नेमसे भजत है।
दया करके देना दर्शन। अनाथ नाथ तुमारा है।चो०।३।

खेलने न जाऊं मैया ग्वालिनी खिजावे मोहे।
पीत बसन गुंज माला लेती है छुडायके।ध्रु०।
कोई तेरा नाम लेके लागी गारी मोकु देण।
मैं भी वाकूं गारी देके आयहुं पलायके।खे०।१।
कोई मेरा मुख चुंबे भवन बुलाय केरी।
कांचली उतार लेती देती है नचायके।खे०।२।
सूरदास तो तलात नमयासु कहत बात हांसे।
उठ मैया लेती कंठ लगायके। खेलनेन जाऊं।खे०।३।

9

सूरदास के पद

हरि पालनैं झुलावै

जसोदा हरि पालनैं झुलावै।

हलरावै दुलरावै मल्हावै जोइ सोइ कछु गावै।

मेरे लाल को आउ निंदरिया काहें न आनि सुवावै।

तू काहै नहिं बेगहिं आवै तोकौं कान्ह बुलावै।

कबहुं पलक हरि मूंदि लेत हैं कबहुं अधर फरकावैं।

सोवत जानि मौन ह्वै कै रहि करि करि सैन बतावै।

इहि अंतर अकुलाइ उठे हरि जसुमति मधुरैं गावै।

जो सुख सूर अमर मुनि दुरलभ सो नंद भामिनि पावै।

राग घनाक्षरी में बद्ध इस पद में सूरदास जी ने भगवान् बालकृष्ण की शयनावस्था का सुंदर चित्रण किया है। वह कहते हैं कि मैया यशोदा श्रीकृष्ण (भगवान् विष्णु) को पालने में झुला रही हैं। कभी तो वह पालने को हल्का–सा हिला देती हैं, कभी कन्हैया को प्यार करने लगती हैं और कभी मुख चूमने लगती हैं। ऐसा करते हुए वह जो मन में आता है वही गुनगुनाने भी लगती हैं। लेकिन कन्हैया को तब भी नींद नहीं आती है।

इसीलिए यशोदा नींद को उलाहना देती हैं कि अरी निंदिया तू आकर मेरे लाल को सुलाती क्यों नहीं? तू शीघ्रता से क्यों नहीं आती? देख, तुझे कान्हा बुलाता है। जब यशोदा निंदिया को उलाहना देती हैं तब श्रीकृष्ण कभी तो पलकें मूंद लेते हैं और कभी होंठों को फड़काते हैं। (यह सामान्य–सी बात है कि जब बालक उनींदा होता है तब उसके मुखमंडल का भाव प्रायः ऐसा ही होता है जैसा कन्हैया के मुखमंडल पर सोते समय जाग्रत हुआ।) जब कन्हैया ने नयन मूंदे तब यशोदा ने समझा कि अब तो कान्हा सो ही गया है। तभी कुछ गोपियां वहां आई। गोपियों को देखकर यशोदा उन्हें संकेत से शांत रहने को कहती हैं। इसी अंतराल में श्रीकृष्ण पुनः कुनमुनाकर जाग गए। तब यशोदा उन्हें सुलाने के उद्देश्य से पुनः मधुर–मधुर लोरियां गाने लगीं। अंत में सूरदास नंद पत्नी यशोदा के भाग्य की सराहना करते हुए कहते हैं कि सचमुच ही यशोदा बड़भागिनी हैं। क्योंकि ऐसा सुख तो देवताओं व ऋषि–मुनियों को भी दुर्लभ है।

मुख दधि लेप किए

सोभित कर नवनीत लिए।

घुटुरुनि चलत रेनु तन मंडित मुख दधि लेप किए।

चारु कपोल लोल लोचन गोरोचन तिलक दिए।

लट लटकनि मनु मत्त मधुप गन मादक मधुहिं पिए।

कठुला कंठ वज्र केहरि नख राजत रुचिर हिए।

धन्य सूर एकौ पल इहिं सुख का सत कल्प जिए।

राग बिलावल पर आधारित इस पद में श्रीकृष्ण की बाल लीला का अद्भुत वर्णन किया है भक्त शिरोमणि सूरदास जी ने। श्रीकृष्ण अभी बहुत छोटे हैं और यशोदा के आंगन में घुटनों के बल ही चल पाते हैं। एक दिन उन्होंने ताजा निकला माखन एक हाथ में लिया और लीला करने लगे। सूरदास कहते हैं कि श्रीकृष्ण के छोटे–से एक हाथ में ताजा माखन शोभायमान है और वह उस माखन को लेकर घुटनों के बल चल रहे हैं। उनके शरीर पर रेनु (मिट्टी का रज) लगी है। मुख पर दही

लिपटा है, उनके कपोल (गाल) सुंदर तथा नेत्र चपल हैं। ललाट पर गोरोचन का तिलक लगा है। बालकृष्ण के बाल घुंघराले हैं। जब वह घुटनों के बल माखन लिए हुए चलते हैं तब घुंघराले बालों की लटें उनके कपोल पर झूमने लगती है, जिससे ऐसा प्रतीत होता है मानो भ्रमर मधुर रस का पान कर मतवाले हो गए हैं। उनके इस सौंदर्य की अभिवृद्धि उनके गले में पड़े कठुले (कंठहार) व सिंह नख से और बढ़ जाती है। सूरदास कहते हैं कि श्रीकृष्ण के इस बालरूप का दर्शन यदि एक पल के लिए भी हो जाता तो जीवन सार्थक हो जाए। अन्यथा सौ कल्पों तक भी यदि जीवन हो तो निरर्थक ही है।

कबहुं बढ़ैगी चोटी

मैया कबहुं बढ़ैगी चोटी।

किती बेर मोहि दूध पियत भइ यह अजहूं है छोटी।

तू जो कहति बल की बेनी ज्यों ह्वै है लांबी मोटी।

काढ़त गुहत न्हवावत जैहै नागिन–सी भुई लोटी।

काचो दूध पियावति पचि पचि देति न माखन रोटी।

सूरदास त्रिभुवन मनमोहन हरि हलधर की जोटी।

रामकली राग में बद्ध यह पद बहुत सरस है। बाल स्वभाववश प्रायः श्रीकृष्ण दूध पीने में आनाकानी किया करते थे। तब एक दिन माता यशोदा ने प्रलोभन दिया कि कान्हा! तू नित्य कच्चा दूध पिया कर, इससे तेरी चोटी दाऊ (बलराम) जैसी मोटी व लंबी हो जाएगी। मैया के कहने पर कान्हा दूध पीने लगे। अधिक समय बीतने पर एक दिन कन्हैया बोले.. अरी मैया! मेरी यह चोटी कब बढ़ेगी? दूध पीते हुए मुझे कितना समय हो गया। लेकिन अब तक भी यह वैसी ही छोटी है। तू तो कहती थी कि दूध पीने से मेरी यह चोटी दाऊ की चोटी जैसी लंबी व मोटी हो जाएगी। संभवतः इसीलिए तू मुझे नित्य नहलाकर बालों को कंघी से संवारती है, चोटी गूंथती है, जिससे चोटी बढ़कर नागिन जैसी लंबी हो जाए। कच्चा दूध भी इसीलिए पिलाती है। इस चोटी के ही कारण तू मुझे माखन व रोटी भी नहीं देती। इतना कहकर श्रीकृष्ण रूठ

जाते हैं। सूरदास कहते हैं कि तीनों लोकों में श्रीकृष्ण–बलराम की जोड़ी मन को सुख पहुंचाने वाली है।

दाऊ बहुत खिझायो

मैया मोहिं दाऊ बहुत खिझायो।
मो सों कहत मोल को लीन्हों तू जसुमति कब जायो।
कहा करौं इहि रिस के मारें खेलन हौं नहिं जात।
पुनि पुनि कहत कौन है माता को है तेरो तात।
गोरे नंद जसोदा गोरी तू कत स्यामल गात।
चुटकी दै दै ग्वाल नचावत हंसत सबै मुसुकात।
तू मोहीं को मारन सीखी दाउहिं कबहुं न खीझै।
मोहन मुख रिस की ये बातैं जसुमति सुनि सुनि रीझै।
सुनहु कान बलभद्र चबाई जनमत ही को धूत।
सूर स्याम मोहिं गोधन की सौं हौं माता तू पूत।

सूरदास जी की यह रचना राग गौरी पर आधारित है। यह पद भगवान् श्रीकृष्ण की बाल लीला से संबंधित पहलू का सजीव चित्रण है। बलराम श्रीकृष्ण के बड़े भाई थे। गौरवर्ण बलराम श्रीकृष्ण के श्याम रंग पर यदा–कदा उन्हें चिढ़ाया करते थे। एक दिन कन्हैया ने मैया से बलराम की शिकायत की। वह कहने लगे कि मैया री, दाऊ मुझे ग्वाल–बालों के सामने बहुत चिढ़ाता है। वह मुझसे कहता है कि यशोदा मैया ने तुझे मोल लिया है। क्या करू मैया! इसी कारण मैं खेलने भी नहीं जाता। वह मुझसे बार–बार कहता है कि तेरी माता कौन है और तेरे पिता कौन हैं? क्योंकि नंदबाबा तो गोरे हैं और मैया यशोदा भी गौरवर्णा हैं। लेकिन तू सांवले रंग का कैसे है? यदि तू उनका पुत्र होता तो तुझे भी गोरा होना चाहिए। जब दाऊ ऐसा कहता है तो ग्वाल–बाल चुटकी बजाकर मेरा उपहास करते हैं, मुझे नचाते हैं और मुस्कराते हैं। इस पर भी तू मुझे ही मारने को दौड़ती है। दाऊ

को कभी कुछ नहीं कहती। श्रीकृष्ण की रोष भरी बातें सुनकर मैया यशोदा रीझने लगी हैं। फिर कन्हैया को समझाकर कहती हैं कि कन्हैया! वह बलराम तो बचपन से ही चुगलखोर और धूर्त है। सूरदास कहते हैं कि जब श्रीकृष्ण मैया की बातें सुनकर भी नहीं माने तब यशोदा बोलीं कि कन्हैया मैं गउओं की सौगंध खाकर कहती हूँ कि तू मेरा ही पुत्र है और मैं तेरी मैया हूँ।

मैं नहिं माखन खायो

मैया! मैं नहिं माखन खायो।

ख्याल परै ये सखा सबै मिलि मेरैं मुख लपटायो।

देखि तुही छींके पर भाजन ऊंचे धरि लटकायो।

हौं जु कहत नान्हें कर अपने मैं कैसें करि पायो।

मुख दधि पोंछि बुद्धि इक कीन्हीं दोना पीठि दुरायो।

डारि सांटि मुसुकाइ जशोदा स्यामहिं कंठ लगायो।

बाल बिनोद मोद मन मोह्यो भक्ति प्राप दिखायो।

सूरदास जसुमति को यह सुख सिव बिरंचि नहिं पायो।

राग रामकली में बद्ध यह सूरदास का अत्यंत प्रचलित पद है। श्रीकृष्ण की बाल–लीलाओं में माखन चोरी की लीला सुप्रसिद्ध है। वैसे तो कन्हैया ग्वालिनों के घरों में जा–जाकर माखन चुराकर खाया करते थे। लेकिन आज उन्होंने अपने ही घर में माखन चोरी की और यशोदा ने उन्हें देख भी लिया। इस पद में सूरदास ने श्रीकृष्ण के वाक्चातुर्य का जिस प्रकार वर्णन किया है वैसा अन्यत्र नहीं मिलता।

जब यशोदा ने देख लिया कि कान्हा ने माखन खाया है तो पूछ ही लिया कि क्यों रे कान्हा! तूने माखन खाया है क्या? तब श्रीकृष्ण अपना पक्ष किस तरह मैया के समक्ष प्रस्तुत करते हैं, यही इस पद की विशिष्टता है। कन्हैया बोले.. मैया! मैंने माखन नहीं खाया है। मुझे तो ऐसा लगता है कि इन ग्वाल–बालों ने ही बलात् मेरे मुख पर माखन

लगा दिया है। फिर बोले कि मैया तू ही सोच, तूने यह छींका किना ऊंचा लटका रखा है और मेरे हाथ कितने छोटे–छोटे हैं। इन छोटे हाथों से मैं कैसे छींके को उतार सकता हूँ। कन्हैया ने मुख से लिपटा माखन पोंछा और एक दोना जिसमें माखन बचा रह गया था उसे पीछे छिपा लिया। कन्हैया की इस चतुराई को देखकर यशोदा मन ही मन मुस्कराने लगीं और छड़ी फेंककर कन्हैया को गले से लगा लिया। सूरदास कहते हैं कि यशोदा को जिस सुख की प्राप्ति हुई वह सुख शिव व ब्रह्मा को भी दुर्लभ है। श्रीकृष्ण (भगवान् विष्णु) ने बाल लीलाओं के माध्यम से यह सिद्ध किया है कि भक्ति का प्रभाव कितना महत्त्वपूर्ण है।

हर्ष आनंद बढ़ावत

हरि अपनैं आंगन कछु गावत।
तनक तनक चरनन सों नाच मन हीं मनहिं रिझावत।
बांह उठाइ कारी धौरी गैयनि टेरि बुलावत।
कबहुंक बाबा नंद पुकारत कबहुंक घर में आवत।
माखन तनक आपनैं कर लै तनक बदन में नावत।
कबहुं चितै प्रतिबिंब खंभ मैं लोनी लिए खवावत।
दुरि देखति जसुमति यह लीला हरष आनंद बढ़ावत।
सूर स्याम के बाल चरित नित नितही देखत भावत।

राग रामकली में आबद्ध इस पद में सूरदास ने कृष्ण की बालसुलभ चेष्टा का वर्णन किया है। श्रीकृष्ण अपने ही घर के आंगन में जो मन मे आता है गाते हैं। वह छोटे–छोटे पैरों से थिरकते हैं तथा मन ही मन स्वयं को रिझाते भी हैं। कभी वह भुजाओं को उठाकर काली–श्वेत गायों को बुलाते हैं, तो कभी नंदबाबा को पुकारते हैं और कभी घर में आ जाते हैं। अपने हाथो में थोड़ा–सा माखन लेकर कभी अपने ही शरीर पर लगाने लगते हैं, तो कभी खंभे में अपना ही प्रतिबिंब देखकर उसे माखन खिलाने लगते हैं। श्रीकृष्ण की इन सभी लीलाओं को माता यशोदा

छुप–छुपकर देखती हैं और मन ही मन प्रसन्न होती हैं। सूरदास कहते हैं कि इस प्रकार यशोदा श्रीकृष्ण की बाल–लीलाओं को देखकर नित्य ही हर्षाती हैं।

भई सहज मत भोरी

जो तुम सुनहु जसोदा गोरी।

नंदनंदन मेरे मंदिर में आजु करन गए चोरी।

हौं भइ जाइ अचानक ठाढ़ी कह्यो भवन में कोरी।

रहे छपाइ सकुचि रंचक ह्वै भई सहज मति भोरी।

मोहि भयो माखन पछितावो रीती देखि कमोरी।

जब गहि बांह कुलाहल कीनी तब गहि चरन निहोरी।

लागे लेन नैन जल भरि भरि तब मैं कानि न तोरी।

सूरदास प्रभु देत दिनहिं दिन ऐसियै लरिक सलोरी।

सूरदास जी का यह पद राग गौरी पर आधारित है। भगवान् की बाल लीला का रोचक वर्णन है। एक ग्वालिन यशोदा के पास कन्हैया की शिकायत लेकर आई। वह बोली कि हे नंदभामिनी यशोदा! सुनो तो, नंदनंदन कन्हैया आज मेरे घर में चोरी करने गए। पीछे से मैं भी अपने भवन के निकट ही छुपकर खड़ी हो गई। मैंने अपने शरीर को सिकोड़ लिया और भोलेपन से उन्हें देखती रही। जब मैंने देखा कि माखन भरी वह मटकी बिल्कुल ही खाली हो गई है तो मुझे बहुत पछतावा हुआ। जब मैंने आगे बढ़कर कन्हैया की बांह पकड़ ली और शोर मचाने लगी, तब कन्हैया मेरे चरणों को पकड़कर मेरी मनुहार करने लगे। इतना ही नहीं उनके नयनों में अश्रु भी भर आए। ऐसे में मुझे दया आ गई और मैंने उन्हें छोड़ दिया। सूरदास कहते हैं कि इस प्रकार नित्य ही विभिन्न लीलाएं कर कन्हैया ने ग्वालिनों को सुख पहुँचाया।

अरु हलधर सों भैया

कहन लागे मोहन मैया मैया।

नंद महर सों बाबा बाबा अरु हलधर सों भैया।

ऊंच चढि चढि कहति जशोदा लै लै नाम कन्हैया।

दूरि खेलन जनि जाहु लाला रे! मारैगी काहू की गैया।

गोपी ग्वाल करत कौतूहल घर घर बजति बधैया।

सूरदास प्रभु तुम्हरे दरस कों चरननि की बलि जैया।

सूरदास जी का यह पद राग देव गंधार में आबद्ध है। भगवान् बालकृष्ण मैया, बाबा और भैया कहने लगे हैं। सूरदास कहते हैं कि अब श्रीकृष्ण मुख से यशोदा को मैया–मैया नंदबाबा को बाबा–बाबा व बलराम को भैया कहकर पुकारने लगे हैं। इना ही नहीं अब वह नटखट भी हो गए हैं, तभी तो यशोदा ऊंची होकर अर्थात् कन्हैया जब दूर चले जाते हैं तब उचक–उचककर कन्हैया को नाम लेकर पुकारती हैं और कहती हैं कि लल्ला गाय तुझे मारेगी। सूरदास कहते हैं कि गोपियों व ग्वालों को श्रीकृष्ण की लीलाएं देखकर अचरज होता है। श्रीकृष्ण अभी छोटे ही हैं और लीलाएं भी उनकी अनोखी हैं। इन लीलाओं को देखकर ही सब लोग बधाइयां दे रहे हैं। सूरदास कहते हैं कि हे प्रभु! आपके इस रूप के चरणों की मैं बलिहारी जाता हूँ।

कबहुं बोलत तात

खीझत जात माखन खात।

अरुन लोचन भौंह टेढ़ी बार बार जंभात।

कबहुं रुनझुन चलत घुटुरुनि धूरि धूसर गात।

कबहुं झुकि कै अलक खैंच नैन जल भरि जात।

कबहुं तोतर बोल बोलत कबहुं बोलत तात।

सूर हरि की निरखि सोभा निमिष तजत न मात।

यह पद राग रामकली में बद्ध है। एक बार श्रीकृष्ण माखन खाते–खाते रूठ गए और रूठे भी ऐसे कि रोते–रोते नेत्र लाल हो गए।

भौंहें वक्र हो गई और बार–बार जंभाई लेने लगे। कभी वह घुटनों के बल चलते थे जिससे उनके पैरों में पड़ी पैंजनिया में से रुनझुन स्वर निकलते थे। घुटनों के बल चलकर ही उन्होंने सारे शरीर को धूल–धूसरित कर लिया। कभी श्रीकृष्ण अपने ही बालों को खींचते और नैनों में आंसू भर लाते। कभी तोतली बोली बोलते तो कभी तात ही बोलते। सूरदास कहते हैं कि श्रीकृष्ण की ऐसी शोभा को देखकर यशोदा उन्हें एक पल भी छोड़ने को न हुई अर्थात् श्रीकृष्ण की इन छोटी–छोटी लीलाओं में उन्हें अद्भुत रस आने लगा।

चोरि माखन खात

चली ब्रज घर घरनि यह बात।
नंद सुत संग सखा लीन्हें चोरि माखन खात।
कोउ कहति मेरे भवन भीतर अबहिं पैठे धाइ।
कोउ कहति मोहिं देखि द्वारें उतहिं गए पराइ।
कोउ कहति किहि भांति हरि कों देखौं अपने धाम।
हेरि माखन देउं आछो खाइ जितनो स्याम।
कोउ कहति मैं देखि पाऊं भरि धरौं अंकवारि।
कोउ कहति मैं बांधि राखों को सकैं निरवारि।
सूर प्रभु के मिलन कारन करति बुद्धि विचार।
जोरि कर बिधि को मनावतिं पुरुष नंदकुमार।

भगवान् श्रीकृष्ण की बाललीला से संबंधित सूरदास जी का यह पद राग कान्हड़ा पर आधारित है। ब्रज के घर–घर में इस बात की चर्चा हो गई कि नंदपुत्र श्रीकृष्ण अपने सखाओं के साथ चोरी करके माखन खाते हैं। एक स्थान पर कुछ ग्वालिनें ऐसी ही चर्चा कर रही थीं। उनमें से कोई ग्वालिन बोली कि अभी कुछ देर पूर्व तो वह मेरे ही घर में आए थे। कोई बोली कि मुझे दरवाजे पर खड़ी देखकर वह भाग गए। एक ग्वालिन बोली कि किस प्रकार कन्हैया को अपने घर में देखूं। मैं तो उन्हें इतना

अधिक और उत्तम माखन दूं जितना वह खा सकें। लेकिन किसी भांति वह मेरे घर तो आएं। तभी दूसरी ग्वालिन बोली कि यदि कन्हैया मुझे दिखाई पड़ जाएं तो मैं गोद में भर लूं। एक अन्य ग्वालिन बोली कि यदि मुझे वह मिल जाएं तो मैं उन्हें ऐसा बांधकर रखूं कि कोई छुड़ा ही न सके। सूरदास कहते हैं कि इस प्रकार ग्वालिनें प्रभु मिलन की जुगत बिठा रही थीं। कुछ ग्वालिनें यह भी विचार कर रही थीं कि यदि नंदपुत्र उन्हें मिल जाएं तो वह हाथ जोड़कर उन्हें मना लें और पतिरूप में स्वीकार कर लें।

गाइ चरावन जैहौं

आजु मैं गाइ चरावन जैहौं।
बृन्दावन के भांति भांति फल अपने कर मैं खेहौं।
ऐसी बात कहौ जनि बारे देखौ अपनी भांति।
तनक तनक पग चलिहौ कैसें आवत ह्वै है राति।
प्रात जात गैया लै चारन घर आवत हैं सांझ।
तुम्हारे कमल बदन कुम्हिलैहे रेंगत घामहि मांझ।
तेरी सौं मोहि घाम न लागत भूख नहीं कछु नेक।
सूरदास प्रभु कह्यो न मानत पर्यो अपनी टेक।

यह पद राग रामकली में बद्ध है। एक बार बालकृष्ण ने हठ पकड़ लिया कि मैया आज तो गैं गौएं चराने जाऊंगा। साथ ही वृन्दावन के वन में उगने वाले नाना भांति के फलों को भी अपने हाथों से खाऊंगा। इस पर यशोदा ने कृष्ण को समझाया कि अभी तो तू बहुत छोटा है। इन छोटे–छोटे पैरों से तू कैसे चल पाएगा.. और फिर लौटते समय रात्रि भी हो जाती है। तुझसे अधिक आयु के लोग गायों को चराने के लिए प्रातः घर से निकलते हैं और संध्या होने पर लौटते हैं। सारे दिन धूप में वन–वन भटकना पड़ता है। फिर तेरा वदन पुष्प के समान कोमल है, यह धूप को कैसे सहन कर पाएगा। यशोदा के समझाने का कृष्ण पर कोई प्रभाव नहीं हुआ, बल्कि उलटकर बोले, मैया! मैं तेरी सौगंध खाकर

कहता हूं कि मुझे धूप नहीं लगती और न ही भूख सताती है। सूरदास कहते हैं कि परब्रह्म स्वरूप श्रीकृष्ण ने यशोदा की एक नहीं मानी और अपनी ही बात पर अटल रहे।

धेनु चराए आवत

आजु हरि धेनु चराए आवत।

मोर मुकुट बनमाल बिराज पीतांबर फहरावत।

जिहिं जिहिं भांति ग्वाल सब बोलत सुनि स्त्रवनन मन राखत।

आपुन टेर लेत ताही सुर हरषत पुनि पुनि भाषत।

देखत नंद जसोदा रोहिनि अरु देखत ब्रज लोग।

सूर स्याम गाइन संग आए मैया लीन्हे रोग।

भगवान् बालकृष्ण जब पहले दिन गाय चराने वन में जाते हैं, उसका अप्रतिम वर्णन किया है सूरदास जी ने अपने इस पद के माध्यम से। यह पद राग गौरी में बद्ध है। आज प्रथम दिवस श्रीहरि गौओं को चराकर आए हैं। उनके शीश पर मयूरपुच्छ का मुकुट शोभित है, तन पर पीतांबरी धारण किए हैं। गायों को चराते समय जिस प्रकार से अन्य ग्वाल–बाल शब्दोच्चारण करते हैं उनको श्रवण कर श्रीहरि ने हृदयंगम कर लिया है। वन में स्वयं भी वैसे ही शब्दों का उच्चारण कर प्रतिध्वनि सुनकर हर्षित होते हैं। नंद, यशोदा, रोहिणी व ब्रज के अन्य लोग यह सब दूर ही से देख रहे हैं। सूरदास कहते हैं कि जब श्यामसुंदर गौओं को चराकर आए तो यशोदा ने उनकी बलैयां लीं।

मुखहिं बजावत बेनु

धनि यह बृंदावन की रेनु।

नंदकिसोर चरावत गैयां मुखहिं बजावत बेनु।

मनमोहन को ध्यान धरै जिय अति सुख पावत चौन।

चलत कहां मन बस पुरातन जहां कछु लेन न देनु।

इहां रहहु जहं जूठन पावहु ब्रज बासिनि के ऐनु।

सूरदास ह्यां की सरवरि नहिं कल्पबृच्छ सुरधेनु।

राग सारंग पर आधारित इस पद में सूरदास कहते हैं कि वह ब्रजरज धन्य है जहां नंदपुत्र श्रीकृष्ण गायों को चराते हैं तथा अधरों पर रखकर बांसुरी बजाते हैं। उस भूमि पर श्यामसुंदर का ध्यान (स्मरण) करने से मन को परम शांति मिलती है। सूरदास मन को प्रबोधित करते हुए कहते हैं कि अरे मन! तू काहे इधर–उधर भटकता है। ब्रज में ही रह, जहां व्यावहारिकता से परे रहकर सुख प्राप्ति होती है। यहां न किसी से लेना, न किसी को देना। सब ध्यानमग्न हो रहे हैं। ब्रज में रहते हुए ब्रजवासियों के जूठे बासनों (बरतनों) से जो कुछ प्राप्त हो उसी को ग्रहण करने से ब्रह्मत्व की प्राप्ति होती है। सूरदास कहते हैं कि ब्रजभूमि की समानता कामधेनु भी नहीं कर सकती। इस पद में सूरदास ने ब्रज भूमि का महत्त्व प्रतिपादित किया है।

कौन तू गोरी

बूझत स्याम कौन तू गोरी।

कहां रहति काकी है बेटी देखी नहीं कहूं ब्रज खोरी।

काहे कों हम ब्रजतन आवतिं खेलति रहहिं आपनी पौरी।

सुनत रहति स्त्रवननि नंद ढोटा करत फिरत माखन दधि चोरी।

तुम्हरो कहा चोरि हम लैहैं खेलन चलौ संग मिलि जोरी।

सूरदास प्रभु रसिक सिरोमनि बातनि भुरइ राधिका भोरी।

सूरसागर से उद्धृत यह पद राग तोड़ी में बद्ध है। राधा के प्रथम मिलन का इस पद में वर्णन किया है सूरदास जी ने। श्रीकृष्ण ने पूछा कि हे गोरी! तुम कौन हो? कहां रहती हो? किसकी पुत्री हो? हमने पहले कभी ब्रज की इन गलियों में तुम्हें नहीं देखा। तुम हमारे इस ब्रज में क्यों चली आई? अपने ही घर के आंगन में खेलती रहतीं। इतना सुनकर राधा बोली, मैं सुना करती थी कि नंदजी का लड़का माखन की चोरी करता फिरता है। तब कृष्ण बोले, लेकिन तुम्हारा हम क्या चुरा लेंगे। अच्छा,

हम मिलजुलकर खेलते हैं। सूरदास कहते हैं कि इस प्रकार रसिक कृष्ण ने बातों ही बातों में भोली–भाली राधा को भरमा दिया।

मिटि गई अंतरबाधा

खेलौ जाइ स्याम संग राधा।
यह सुनि कुंवरि हरष मन कीन्हों मिटि गई अंतरबाधा।
जननी निरखि चकित रहि ठाढ़ी दंपति रूप अगाधा।
देखति भाव दुहुंनि को सोई जो चित करि अवराधा।
संग खेलत दोउ झगरन लागे सोभा बढ़ी अगाधा।
मनहुं तडिध्त घन इंदु तरनि ह्वै बाल करत रस साधा।
निरखत बिधि भ्रमि भूलि पर्यौ तब मन मन करत समाधा।
सूरदास प्रभु और रच्यो बिधि सोच भयो तन दाधा।

रास रासेश्वरी राधा और रसिक शिरोमणि श्रीकृष्ण एक ही अंश से अवतरित हुये थे। अपनी रास लीलाओं से ब्रज की भूमि को उन्होंने गौरवान्वित किया। वृषभानु व कीर्ति (राधा के माँ–बाप) ने यह निश्चय किया कि राधा श्याम के संग खेलने जा सकती है। इस बात का राधा को पता लगा तब वह अति प्रसन्न हुई और उसके मन में जो बाधा थी वह समाप्त हो गई। (माता–पिता की स्वीकृति मिलने पर अब कोई रोक–टोक रही ही नहीं, इसी का लाभ उठाते हुए राधा श्यामसुंदर के संग खेलने लगी।) जब राधा–कृष्ण खेल रहे थे तब राधा की माता दूर खड़ी उन दोनों की जोड़ी को, जो अति सुंदर थी, देख रही थीं। दोनों की चेष्टाओं को देखकर कीर्तिदेवी मन ही मन प्रसन्न हो रही थीं। तभी राधा और कृष्ण खेलते–खेलते झगड़ पड़े। उनका झगड़ना भी सौंदर्य की पराकाष्ठा ही थी। ऐसा लगता था मानो दामिनी व मेघ और चंद्र व सूर्य बालरूप में आनंद रस की अभिवृद्धि कर रहे हों। यह देखकर ब्रह्म भी भ्रमित हो गए और मन ही मन विचार करने लगे। सूरदास कहते हैं कि ब्रह्म को यह भ्रम हो गया कि कहीं जगत्पति ने अन्य सृष्टि तो नहीं रच डाली। ऐसा सोचकर उनमें ईर्ष्याभाव उत्पन्न हो गया।

10

सूरदास की अन्य रचनाएँ

सूरदास जी द्वारा लिखित पाँच ग्रन्थ बताए जाते हैं–

1 सूरसागर

2 सूरसारावली

3 साहित्य–लहरी

4 नल–दमयन्ती

5 ब्याहलो

उपरोक्त में अन्तिम दो ग्रंथ अप्राप्य हैं। "नागरी प्रचारिणी सभा" द्वारा प्रकाशित हस्तलिखित पुस्तकों की विवरण तालिका में सूरदास के 16 ग्रन्थों का उल्लेख है। इनमें "सूरसागर", "सूरसारावली", "साहित्य लहरी", "नल–दमयन्ती" और "ब्याहलो" के अतिरिक्त "दशमस्कंध टीका", "नागलीला", "भागवत्", "गोवर्धन लीला", "सूरपचीसी", "सूरसागर सार", "प्राणप्यारी" आदि ग्रन्थ सम्मिलित हैं। इनमें प्रारम्भ के तीन ग्रंथ ही महत्त्वपूर्ण समझे जाते हैं।

मेरो मन अनत कहाँ सुख पावै।

जैसे उड़ि जहाज की पंछी, फिरि जहाज पै आवै।

कमल–नैन को छाँड़ि महातम, और देव को ध्यावै।

परम गंग को छाँड़ि पियासो, दुरमति कूप खनावै।

जिहिं मधुकर अंबुज–रस चाख्यो, क्यों करील–फल भाव।

"सूरदास" प्रभु कामधेनु तजि, छेरी कौन दुहावै।

सूरसागर

सूरसागर, ब्रजभाषा में महाकवि सूरदास द्वारा रचे गए कीर्तनों–पदों का एक सुंदर संकलन है जो शब्दार्थ की दृष्टि से उपयुक्त और आदरणीय है। इसमें प्रथम नौ अध्याय संक्षिप्त है, पर दशम स्कन्ध का बहुत विस्तार हो गया है। इसमें भक्ति की प्रधानता है। इसके दो प्रसंग "कृष्ण की बाल–लीला" और "भ्रमर–गीतसार" अत्यधिक महत्त्वपूर्ण हैं।

सूरसागर में लगभग एक लाख पद होने की बात कही जाती है। किन्तु वर्तमान संस्करणों में लगभग पाँच हजार पद ही मिलते हैं। विभिन्न स्थानों पर इसकी सौ से भी अधिक प्रतिलिपियाँ प्राप्त हुई ह तक है इनमें प्राचीनतम प्रतिलिपि नाथद्वारा (मेवाड़) के सरस्वती भण्डार में सुरक्षित पायी गई हैं। दार्शनिक विचारों की दृष्टि से "भागवत" और "सूरसागर" में पर्याप्त अन्तर है।

सूरसागर की सराहना करते हुए डॉक्टर हजारी प्रसाद द्विवेदी ने लिखा है –

काव्य गुणों की इस विशाल वनस्थली में एक अपना सहज सौन्दर्य है। वह उस रमणीय उद्यान के समान नहीं जिसका सौन्दर्य पद–पद पर माली के कृतित्व की याद दिलाता है, बल्कि उस अकृत्रिम वन–भूमि की भाँति है जिसका रचयिता रचना में घुलमिल गया है।

पूरा हस्तलिखित रूप में "सूरसागर" के दो रूप मिलते हैं – "संग्रहात्मक" और संस्कृत भागवत अनुसार "द्वादश स्कंधात्मक"। संग्रहात्मक "सूरसागर" के भी दो रूप देखने में आते हैं। पहला, आपके–गौघाट (आगरा) पर श्रीवल्लभाचार्य के शिष्य होने पर प्रथम प्रथम रचे गए

भगवल्लीलात्मक पद– "ब्रज भयौ मैहैर कें पूत, जब यै बात सुनी" से प्रारंभ होता है, दूसरा–"मथुरा–जन्म–लीला" से. ..।

कहा जाता है, हिंदी साहित्येतिहास ग्रंथों से ओझल "सूरसागर" के उत्पत्ति विकास का एक अलग इतिहास है, जो अब तक प्रकाश में नहीं आया है और श्री सूर के समकालीन भक्त इतिहास रचयिताओं– ष्श्री गोकुलनाथ जी, श्रीहरिराय जी (सं.–1647 वि.) और श्री नाभादास जी (सं.–1642 वि.) प्रभृति में जिसका विशेष रूप से उल्लेख किया है। अतः इन पूर्वा पर के अनेक महत्वपूर्ण ग्रंथों से जाना जाता है कि श्री सूर ने सहस्रावधि पद किए, लक्षावधि पद रचे, कोई ग्रंथ नहीं रचा। बाद में अनंत–सूर–पदावली सागर कहलाई। वस्तुतः श्रीसूर, जैसा इन ऊपर लिए संदर्भ ग्रंथों से जाना जाता है, भगवल्लीला के भाव भरे उन्मुक्त गायक थे, सो नित्य नई–नई पद रचना कर, अपने प्रभु "गोवर्धननाथ जी" के सम्मुख गाया करते थे। रचना करने वाले थे, सो नित्य सवेरे से संध्या तक गाए जाने वाले रागों में ललित रसों का रंग भरकर अपनी वाणी की तूलिका से चित्रित कर अपने को धन्य किया करते थे। अस्तु, न उनमें अपनी उन्मुक्त कृतियों को संग्रह करने का भाव था और न कई क्रम देने की उमंग। उनका कार्य तो अपने प्रभु की नाना गुनन गरूली गुणावली गाना, उसके अमृतोपम रस में निमग्न हो झूमना तथा–"एतेचांश कलापुंसः कृष्णस्तु भगवान स्वयं" (भाग–1/3/28) की नंदालय में बाल से पौगंड अवस्था तक लीलाओं में तदात्मभाव से विभोर होना था, यहाँ अपनी समस्त मुक्तक रचनाओं को एकत्र कर क्रमबद्ध करने का समय और स्थान कहाँ था।

कहा जाता है, श्री सूरदास "एकदम अंधे थे," तब अपनी जब तब की समस्त रचनाओं को कैसे एकत्र करते? फिर भी सूरदास द्वारा नित्य रचे और गाये जाने वाले पदों का लेखन और संकलन अवश्य होता रहा होगा। अन्यथा वे मौलिक रूप से रचित और गाए गए पद जुप्त हो गए होते। संभवतः सूर के समकालीन शिष्य या मित्र–यदि सूर सचमूच अंधे थे तो–उन पदों को लिखते और संकलित करते रहे होंगे। अब तक उसके संग्रहात्मक या द्वादस स्कंधात्मक बनने का कोई इतिहास पूर्णतः ज्ञात नहीं है। "गीत–संगीत–सागर" (गो. रघुनाथ,, जी नामरत्नारूय) श्री

विट्ठलनाथ जी गोस्वामी, (सं. 1572 वि.) के समय श्रीमद्वल्लभाचार्य सेवित कई निधियाँ (मूर्तियाँ), आपके वंशजों द्वारा, ब्रज से बाहर चली गई थीं। यतः संप्रदाय के अनुसार "कीर्तनों के बिना सेवा नहीं और सेवा बिना कीर्तन नहीं" अतः जहाँ जहाँ ये निधियाँ गईं, वहीं वहीं "कंठ" या "ग्रंथ" रूप में अष्टछाप के कवियों की कृतियाँ भी गई और वहाँ इनके संकलित रूप में–"नित्य कीर्तन" और "वर्षोत्सव" नाम पड़े, ऐसा भी कहा जाता है।

सूर के सागर का "संग्रहात्मक" रूप श्रीसूर के सम्मुख ही संकलित हो चुका था। उसकी सं. 1630 वि. की लिखी प्रति ब्रज में मिलती है। बाद के अनेक लिखित संग्ररूप भी उसके मिलते हैं। मुद्रित रूप इसका कहीं पुराना है। पहले यह मथुरा (सं. 1840 ई.) से, बाद में आगरा (सं. –1867 ई. तीसरी बार), जयपुर (राजस्थान सं. 1865 ई.), दिल्ली (सं. 1860 ई.) और कलकत्ता से सं. 1898 ई. में लीथो प्रेसों से छपकर प्रकाशित हो चुका था। कृष्णानंद व्यासदेव संकलित "रागकल्पद्रुम" भी इस समय का संग्रहात्मक सूरसागर का एक विकृत रूप है, जो संगीत के रंगों में बँटा हुआ है। ब्रजभाषा के रीतिकालीन प्रसिद्ध कवि "द्विजदेव"–अर्थात् महाराज मानसिंह, अयोध्या नरेश (सं. 1907 वि.) ने इसे सं. 1920 वि. में संपादित कर लखनऊ के नवलकिशोर प्रेस से प्रकाशित किया था। ये सभी संग्रहात्मक रूप सूरसागर, भगवान श्रीकृष्ण की जन्मलीला गायन रूप गोकुल नंदालय में मनाए गए "नंदमहोत्सव" से प्रारंभ होकर उनकी समस्त ब्रजलीला मथुरा आगमन, उद्धव–गोपी–संवाद, श्री राम, नरसिंह तथा वामन जयंतियाँ एवं पहले–श्री वल्लभाचार्य जी की शिष्यता से पूर्व रचे गए "दीनता आश्रय" के पदों के बाद समाप्त हुए हैं। सूर पदों के इस प्रकार संकलन की प्रवृत्ति उनके सागर के संग्रहात्मक रूप पर ही समाप्त नहीं, वह विविध रूपों में आगे बढ़ी, जिससे उनकी पद कृति के नाना संकलित रूप हस्तलिखित तथा मुद्रित देखने में आते हैं, जो इस प्रकार हैं–दीनता आश्रय के पद, दृष्टिकुल पद, जिसे आज "साहित्यलहरी" कहा जाता है। रामायण, बाललीला के पद, विनय पत्रिका, वैराग्यसतक, सूरछत्तीसी, सूरबहोत्तरी, सूर भ्रमरगीत, सूरसाठी, सूरदास नयन, मुरली माधुरी आदि–आदि, किंतु ये सभी संग्रह आपके संग्रहात्मक ष्सागर कल्पतरुङ के ही मधुर फल हैं।

श्री सूर के सागर का रूप श्री व्यास प्रणीत और शुक–मुख–निसृत "द्वादश स्कंधात्मक" भी बना। वह कब बना, कुछ कहा नहीं जा सकता। हिंदी के साहित्येतिहास ग्रंथ इस विषय में चुप हैं। इस द्वादश स्कंधात्मक "सूर सागर" की सबसे प्राचीन प्रति सं. 1757 वि. की मिलती है।

इसके बाद की कई हस्तलिखित प्रतियाँ मिलती हैं। उनके आधार पर कहा जा सकता है कि सूर समुदित सागर का यह "श्रीमद्‌भागवत अनुसार द्वादश स्कंधात्मक रूप" अठारहवीं शती के पहले नहीं बन पाया था। उसका पूर्वकथित "संग्रहात्मक" रूप इस समय तक काफी प्रसार पा चुका था। साथ ही इस (संग्रहात्मक) रूप की सुंदरता, सरसता और भाषा की शुद्धता एवं मनोहरता में भी कोई विशेष अंतर नहीं हो पाया था। वह सूर के समय जैसी विविध रागमयी थी वैसी ही सुंदर बनी रही, किंतु इसके इस द्वादश स्कंधात्मक रूपों में वह बात समुचित रूप से नहीं रह सकी। ज्यों ज्यों हस्तलिखित रूपों में वह आगे बढ़ती गई त्यों–त्यों सूर की मंजुल भाषा से दूर हटती गई। फिर भी जिस किसी व्यक्ति ने अपना अस्तित्व खोकर और "हरि, हरि, हरि हरि सुमरन करौ" जैसे असुंदर भाषाहीन कथात्मक पदों की रचना कर तथा श्री सूर के श्रीमद्वल्लभाचार्य की चरणशरण में आने से पहले रचे गए "दीनता आश्रय" के पद विशेषों को भागवत अनुसार प्रथम स्कंध तक ही नहीं, दशम स्कंध उत्तरार्ध, एकादश और द्वादश स्कंधों को सँजोया, वह आदरणीय है।

रूपरेखा

इस द्वादश स्कंधात्मक सूरसागर की "रूपरेखा" इस प्रकार हैः–

- **प्रथम स्कध –** भक्ति की सरस व्याख्या, भागवत निर्माण का प्रयोजन, शुक उत्पत्ति, व्यास अवतार, संक्षिप्त महाभारत कथा, सूत–शौनक–संवाद, भीष्म प्रतिज्ञा, भीष्म–देह–त्याग, कृष्ण–द्वारिका–गमन, युधिष्ठिर वैराग्य, पांडवों का हिमालयगमन, परीक्षितजन्म, ऋषिशाप, कलियुग को दंड इत्यादि।
- **द्वितीय स्कंध –** सृष्टि उत्पत्ति, विराट् पुरुष का वर्णन, चौबीस अवतारों की कथा, ब्रह्मा उत्पत्ति, भागवत चार श्लोक

महिमा। साथ ही इस स्कंध के प्रारंभ में भक्ति और सत्संग की महिमा, भक्ति साधन, अत्मज्ञान, भगवान की विराट् रूप में भारती का भी यत्किंचित् उल्लेख है।

- **तृतीय स्कंध** – उद्धव–विदुर–संवाद, विदुर को मैत्रेय द्वारा बताए गए ज्ञान की प्राप्ति, सप्तर्षि और चार मनुष्यों की उत्पत्ति, देवासुर जन्म, बाराह–अवतार–वर्णन, कर्दम–देवहूति–विवाह, कपिल मुनि अवतार, देवहूति का कपिल मुनि से भक्ति संबंधी प्रश्न, भक्तिमहिमा, देवहूति–हरि–पद–प्राप्ति।
- **चतुर्थ स्कंध** – यज्ञपुरुष अवतार, पार्वती विवाह, ध्रुव कथा, पृथु अवतार, पुरंजन आख्यान।
- **पंचम स्कंध** – ऋषभदेव अवतार, जड़भरत कथा, रहूगण संवाद।
- **षष्ठ स्कंध** – अजामिल उद्धार, बृहस्पति–अवतार–कथन, वृत्रा–सुरवध, इंद्र का सिंहासन से च्युत होना, गुरुमहिमा, गुरुकृपा से इंद्र को पुनः सिंहासन प्राप्ति।
- **सप्तम स्कंध** – नुसिंह–अवतार–वर्णन।
- **अष्टम स्कंध** – गजेंद्रमोक्ष, कूर्मावतार, समुद्र मंथन, विष्णु भगवान का मोहिनी–रूप–धारण, वामन तथा मत्स्य अवतारों का वर्णन।
- **नवम स्कंध** – पुरुरवा–उर्वशी–आख्यान, च्यवन ऋषि कथा, हलधर विवाह, राजा अंबरीय और सौभिर ऋषि का उपाख्यान, गंगा आगमन, परशुराम और श्री राम का अवतार, अहल्योद्धार।
- **दशम स्कंध (पूर्वार्ध)** – भगवान कृष्ण का जन्म, मथुरा से गोकुल पधारना, पूतनावध, शकटासुर तथा तृणावर्त वध, नामकरण, अन्नप्राशन, कर्णछेदन, घुटुरुन चलाना, बालवेशशोभा, चंद्रप्रस्ताव, कलेऊ, मृत्तिकाभक्षण, माखनचोर, गोदोहन, वंत्सासुर, बकासुर, अधासुरों के वध, ब्रह्मा द्वारा गो–वत्स–हरण, राधा–प्रथम–मिलन, राधा–नंदघर–आगमन, कृष्ण का राधा के घर

जाना, गोचारण, धेनुकवध, कालियदमन, प्रलंबासुरवध, मुरली–चीर–हरण, पनघट रोकना, गोवर्धन पूजा, दानलीला, नेत्र वर्णन, रासलीला, राधा–कृष्ण–विवाह, मान, राधा गुरुमान, हिंडोला–लीला, वृषभासुर, केशी, भौमासुर वध, अक्रूर आगमन, कृष्ण का मथुरा चला जाना, कुब्जा मिलन, धोबी संहार, शल, तोषल, मुष्टिक और चाणूर का वध, धनुषभंग, कुवलयापीड़ (हाथी) वध, कंसवध, राजा उग्रसेन को राजगद्दी पर बैठाना, वसुदेव देवकी की कारागार से मुक्ति, यज्ञोपवीत, कुब्जाघर गमन, आदि–आदि।

- **दशम स्कंध (उत्तरार्ध)** – जरासंध युद्ध, द्वारका निर्माण, कालियदवन दहन, मुचुकुंद उद्धार, द्वारका प्रवेश, रुक्मिणी विवाह, प्रद्युम्न विवाह, अनिरुद्ध विवाह, राजा मृग नृग उद्धार, बलराम जी का पुनः ब्रजगमन, सांब विवाह, कृष्ण–हस्तिनापुर–गमन, जरासंध और शिशुपाल का वध, शाल्व का द्वारका पर आक्रमण, शाल्ववध, दतवक्र का वध, बल्वलवध, सुदामाचरित्र, कुरुक्षेत्र आगमन, कृष्ण का श्रीनंद, यशोदा तथा गोपियों से मिलना, वेद और नारद स्तुतियाँ, अर्जुन–सुभद्रा–विवाह, भस्मासुर वध, भृगु परीक्षा, इत्यादि. . .।

- **एकादश स्कंध** – श्रीकृष्ण का उद्धव को वदरिकाश्रम भेजना, नारायण तथा हंसावतार कथन।

- **द्वादश स्कंध** – "बौद्धावतार, कल्कि–अवतार–कथन, राजा परीक्षित तथा जन्मेजय कथा, भगवत् अवतारों का वर्णन आदि।"

इस प्रकार यत्र–तत्र बिखरे इस श्रीमद्भागवत अनुसार द्वादश–स्कंधात्मक रूप में भी, श्री सूर का विशिष्ट वाङ्मय "हरि, हरि, हरि, हरि सुमरैन करौ" जैसे अनेक अनगढ़ काँच मणियों के साथ रगड़ खा–खाकर मटमैला होकर भी कवित्व की प्रभा के साथ कोमलता, कमनीयता, कला, एवं कृष्णस्तुभगवान् स्वयं की सगुणात्मक भक्ति, उसकी भव्यता, विलक्षणता, उनके विलास, व्यंग्य और विदग्धता आदि चमक– चमककर आपके कृ

तित्व रूप सागर को, नित्य गए रूप में दर्शनीय और वंदनीय बना रहे हैं।

हस्तलिखित रूप में "व्याहलों" के नाम से राधा–कृष्ण विवाह सम्बन्धी प्रसंग, "सूरसागर सार" नाम से रामकथा और रामभक्ति सम्बन्धी प्रसंग तथा "सूरदास जी के दृष्टकूट" नाम से कूट–शैली के पद पृथक् ग्रन्थों में मिले हैं। इसके अतिरिक्त "पद संग्रह", "दशम स्कन्ध", "भागवत", "सूरसाठी", "सूरदास जी के पद" आदि नामों से "सूरसागर" के पदों के विविध संग्रह पृथक् रूप में प्राप्त हुए है। ये सभी "सूरसागर के" अंश हैं। वस्तुतः "सूरसागर" के छोटे–बड़े हस्तलिखित रूपों के अतिरिक्त उनके प्रेमी भक्तजन समय–समय पर अपनी–अपनी रुचि के अनुसार "सूरसागर" के अंशों को पृथक् रूप में लिखते–लिखाते रहे हैं। "सूरसागर" का वैज्ञानिक रीति से सम्पादित प्रामाणिक संस्करण निकल जाने के बाद ही कहा जा सकता है कि उनके नाम से प्रचलित संग्रह और तथाकथित ग्रन्थ कहाँ तक प्रमाणित हैं।

सूरसारावली

सूरसारावली भक्त कवि सूरदास की एक रचना है। इसमें ११०७ छन्द हैं। यह सम्पूर्ण ग्रन्थ एक "वृहद् होली" गीत के रूप में रचित है। इसकी टेक है – खेलत यह विधि हरि होरी हो, हरि होरी हो वेद विदित यह बात। इसका रचना–काल संवत् १६०२ वि० निश्चित किया गया है, क्योंकि इसकी रचना सूर के ६७वें वर्ष में हुई थी।

साहित्य–लहरी

साहित्यलहरी ११८ पदों की एक लघु रचना है। इसके अन्तिम पद में सूरदास का वंशवृक्ष दिया है, जिसके अनुसार सूरदास का नाम "सूरजदास" है और वे चन्दबरदायी के वंशज सिद्ध होते हैं। अब इसे प्रक्षिप्त अंश माना गया है और शेष रचना पूर्ण प्रामाणिक मानी गई है।

इसमें रस, अलंकार और नायिका–भेद का प्रतिपादन किया गया है। इस कृति का रचना–काल स्वयं कवि ने दे दिया है जिससे यह संवत् १६०७ विक्रमी में रचित सिद्ध होती है। रस की दृष्टि से यह ग्रन्थ विशुद्ध श्रृंगार की कोटि में आता है।

11
सूरदास और वल्लभाचार्य

सूरदास वल्लभाचार्य के शिष्य थे। भक्तिकालीन सगुणधारा की कृष्ण भक्ति शाखा के आधार स्तंभ एवं पुष्टिमार्ग के प्रणेता वल्लभाचार्य माने जाते हैं। उनका प्रादुर्भाव ई. सन 1479, वैशाख कृष्ण पक्ष एकादशी को दक्षिण भारत के कांकरवाड ग्रामवासी तैलंग ब्राह्मण लक्ष्मणभट्ट जी की पत्नी इलम्मागारू के गर्भ से काशी के समीप हुआ था। उन्हें "वैश्वानरावतार अग्नि का अवतार" कहा गया है। वे वेद शास्त्र में पारंगत थे। श्री रुद्रसंप्रदाय के श्री विल्वमंगलाचार्य जी द्वारा इन्हें "अष्टादशाक्षर गोपाल मन्त्र" की दीक्षा दी गई थीं। त्रिदंड सन्न्यास की दीक्षा स्वामी नारायणेन्द्र तीर्थ से प्राप्त हुई थी।

वल्लभाचार्य के शिष्य

सूरदास वल्लभाचार्य के शिष्य थे। उनके काव्य में वल्लभाचार्य द्वारा प्रतिपादित कृष्ण स्वरूप की प्रतिष्ठा स्वाभाविक रूप से हुई है। सूरदास की भक्ति में अंतः करण की प्रेरणा तथा अंतर की अनुभूति की प्रधानता है। उनके काव्य में अभिव्यक्त भक्ति–भावना के दो चरण देखे जा सकते हैं–

- पहला चरण वल्लभाचार्य से मिलने के पूर्व का है, जिसमें सूरदास "वल्लभ संप्रदाय" में दीक्षित होने से पूर्व दैन्यभाव पर आधारित भक्ति के पदों की रचना कर रहे थे।

- दूसरा चरण वल्लभाचार्य से मिलने के बाद आरंभ होता है, जब सूरदास "वल्लभ संप्रदाय" में दीक्षित होकर पुष्टिमार्गीय भक्ति पर आधारित भक्ति के पदों की रचना की ओर प्रवृत हुए। सूरदास की भक्ति भावना में इस प्रकार के पदों का बाहुल्य देखा जा सकता है।

सूरदास की वल्लभाचार्य से भेंट

"चौरासी वैष्णवन की वार्ता" में सूर का जीवनवृत्त गऊघाट पर हुई वल्लभाचार्य से उनकी भेंट के साथ प्रारम्भ होता है। गऊघाट पर भी उनके अनेक सेवक उनके साथ रहते थे तथा "स्वामी" के रूप में उनकी ख्याति दूर–दूर तक फैल गयी थी। कदाचित इसी कारण एक बार अरैल से जाते समय वल्लभाचार्य ने उनसे भेंट की और उन्हें पुष्टिमार्ग में दीक्षित किया।

"वार्ता" में वल्लभाचार्य और सूरदास के प्रथम भेंट का जो रोचक वर्णन दिया गया है, उससे व्यंजित होता है कि सूरदास उस समय तक कृष्ण की आनन्दमय ब्रजलीला से परिचित नहीं थे और वे वैराग्य भावना से प्रेरित होकर पतितपावन हरि की दैन्यपूर्ण दास्यभाव की भक्ति में अनुरक्त थे और इसी भाव के विनयपूर्ण पद रच कर गाते थे।

वल्लभाचार्य ने उनका "घिघियाना", छुड़ाया और उन्हें भगवद्–लीला से परिचत कराया। इस विवरण के आधार पर कभी–कभी यह कहा जाता है कि सूरदास ने विनय के पदों की रचना वल्लभाचार्य से भेंट होने के पहले ही कर ली होगी, परन्तु यह विचार भ्रमपूर्ण है। वल्लभाचार्य द्वारा "श्रीमद्भागवत" में वर्णित कृष्णलीला का ज्ञान प्राप्त करने के उपरान्त सूरदास ने अपने पदों में उसका वर्णन करना प्रारम्भ कर दिया। "वार्ता" में कहा गया है कि उन्होंने "भागवत" के द्वादश स्कन्धों पर पद–रचना की। उन्होंने "सहस्त्रावधि" पद रचे, जो "सागर" कहलाये। वल्लभाचार्य के संसर्ग से सूरदास को "माहात्म्यज्ञान पूर्वक प्रेम भक्ति" पूर्णरूप में सिद्ध हो गयी। वल्लभाचार्य ने उन्हें गोकुल में श्रीनाथ जी के मन्दिर पर कीर्तनकार के रूप में नियुक्त किया और वे आजन्म वहीं रहे।

12

सूरदास और अकबर

गोस्वामी हरिराय के "भाव प्रकाश" के अनुसार सूरदास का जन्म दिल्ली के पास सीही नाम के गाँव में एक अत्यन्त निर्धन सारस्वत ब्राह्मण परिवार में हुआ था। उनके तीन बड़े भाई थे। सूरदास जन्म से ही अन्धे थे, किन्तु सगुन बताने की उनमें अद्‌भुत शक्ति थी। 6 वर्ष की अवस्था में ही उन्होंने अपनी सगुन बताने की विद्या से माता–पिता को चकित कर दिया था। किन्तु इसी के बाद वे घर छोड़कर चार कोस दूर एक गाँव में तालाब के किनारे रहने लगे थे। सगुन बताने की विद्या के कारण शीघ्र ही उनकी ख्याति चारों ओर फैल गई। गान विद्या में भी वे प्रारम्भ से ही प्रवीण थे। शीघ्र ही उनके अनेक सेवक हो गये और वे "स्वामी" के रूप में पूजे जाने लगे। 18 वर्ष की अवस्था में उन्हें पुनः विरक्ति हो गयी और वे यह स्थान छोड़कर आगरा और मथुरा के बीच यमुना के किनारे गऊघाट पर आकर रहने लगे।

अकबर से भेंट

सूरदास की पद–रचना और गान–विद्या की ख्याति सुनकर देशाधिपति अकबर ने उनसे मिलने की इच्छा की थी। गोस्वामी हरिराय के अनुसार प्रसिद्ध संगीतकार तानसेन के माध्यम से अकबर और सूरदास की भेंट मथुरा में हुई।

सूरदास का भक्तिपूर्ण पद–गान सुनकर अकबर बहुत प्रसन्न हुए, किन्तु उन्होंने सूरदास से प्रार्थना की कि वे उनका यशगान करें, परन्तु सूरदास ने "नार्हिन रहयो मन में ठौर" से प्रारम्भ होने वाला पद गाकर यह सूचित कर दिया कि वे केवल कृष्ण के यश का वर्णन कर सकते हैं, किसी अन्य का नहीं। इसी प्रसंग में "वार्ता" में पहली बार बताया गया है कि सूरदास अन्धे थे। उपर्युक्त पर के अन्त में "सूर से दर्श को एक मरत लोचन प्यास" शब्द सुनकर अकबर ने पूछा कि तुम्हारे लोचन तो दिखाई नहीं देते, प्यासे कैसे मरते हैं।

श्रीनाथ जी की सेवा

"वार्ता" में सूरदास के जीवन की किसी अन्य घटना का उल्लेख नहीं है, केवल इतना बताया गया है कि वे भगवद्भक्तों को अपने पदों के द्वारा भक्ति का भावपूर्ण सन्देश देते रहते थे। कभी–कभी वे श्रीनाथ जी के मन्दिर से नवनीत प्रिय जी के मन्दिर भी चले जाते थे, किन्तु हरिराय ने कुछ अन्य चमत्कारपूर्ण रोचक प्रसंगों का उल्लेख किया है, जिनसे केवल यह प्रकट होता है कि सूरदास परम भगवदीय थे और उनके समसामयिक भक्त कुम्भनदास, परमानन्ददास आदि उनका बहुत आदर करते थे। "वार्ता" में सूरदास के गोलोकवास का प्रसंग अत्यन्त रोचक है। श्रीनाथ जी की बहुत दिनों तक सेवा करने के उपरान्त जब सूरदास को ज्ञात हुआ कि भगवान की इच्छा उन्हें उठा लेने की है तो वे श्रीनाथ जी के मन्दिर में पारसौली के "चन्द्र सरोवर" पर आकर लेट गये और दूर से सामने ही फहराने वाली श्रीनाथ जी की ध्वजा का ध्यान करने लगे।